税理士のための

マッチングサイト を活用した

事業承継

M&A

公認会計士・税理士
小木曽正人 ［著］
Ogiso Masato

中央経済社

はじめに

2017年10月に日本経済新聞の一面で「大廃業時代」という言葉が躍ってから久しく経ちます。会計事務所のメインの顧客である中小・零細企業で後継者への引継ぎが決まっておらず，2025年には清算・廃業に向かう可能性のある会社が127万社も存在するというものです。

事業承継は大きく分けて2つの方法しかないと考えています。1つは，親族への承継，そしてもう1つは親族外への承継です。この2つの道を選択できなかった経営者，会社がたどる道こそ事業承継の失敗を表す「清算・廃業」となるのです。

会計事務所にとって顧問先の「清算・廃業」は顧客の喪失，売上の減少に直結し，事務所経営に大きなインパクトを与えることとなります。これは一事務所の問題ではなく，会計業界全体の問題ともいえます。

では，どうすればいいのでしょうか。答えはそれほど難しくありません。親族に後継者がいないのであれば，第三者へ会社を託し，承継してもらう道を顧問先に提案し，そのサポートを行うことです。つまり，顧問先にM&Aを勧め，清算・廃業ではなく，会社を生かす道を検討してもらうのです。

「会計事務所が顧問先のM&Aのサポートを行う」

M&Aという業務において会計事務所は一定の優位性を誇っています。大手M&A仲介会社が会計事務所と提携を進めているのはそのためです。また，中小・零細企業を清算・廃業から救い，雇用を守り，日本経済を支えるという社会的意義もあります。長年税務顧問を務めている会計事務所として，顧問先の次のステップのサポートをすることも大変意義のあることだと考えています。

しかしながら，会計事務所にとって顧問先のM&Aのサポート，つまりM&Aアドバイザーとして第三者への承継をお手伝いするうえで，ネックになってくるものが2つあります。

1つ目が，そもそもM&Aの経験や知識がないから，業務を行うのに抵抗感があるという「M&Aの基礎知識不足」という点です。やはり，M&Aアドバ

イザーを担ううえでは，最低限知っておかなければならない一定の知識は必要となります。この知識こそ，顧問先を守ることにつながりますし，ひいてはわれわれ会計事務所を守るものとなります。

2つ目が，「自ら買い手候補先を探す」という点です。中小・零細企業を引き継いでくれる第三者を会計事務所が自ら探すのは非常に難しいです。仮に見つけようとしても膨大な時間とコストがかかります。膨大な時間とコストをかけても見つかるかどうかがわからないようでは，とても顧問先のM&Aアドバイザーは引き受けられないという気持ちは，独立直後に私も経験してきましたので痛いほどわかります。

とはいえ，大廃業時代が迫りくるなか，顧問先の清算・廃業へのカウントダウンは待ったなしの状態です。会計事務所に知識がないから，買い手候補先が探せないからと言っている場合ではなくなっているのです。

では，どうすれば……

「自ら買い手候補先を探すのが難しい」ということであれば，自分で探さなければいいのです。つまり，誰かに買い手を見つけてもらえばいいのです。簡単な発想です。

では，誰に？

ここ数年，中小企業の事業承継の問題解決のために，会計事務所が中心となって，中小企業同士のマッチングを進める動きや団体が増えてきています。このような団体に所属して，自らの顧問先を引き継いでくれるような買い手候補先を探してもらうのも有効な手段です。

しかし，このような団体との伝手や関係がない会計事務所でも，自ら買い手候補先を探さなくてもM&Aアドバイザーができる仕組みが現在注目されています。それが，「M&Aマッチングサイト」です。このM&Aマッチングサイトの登場により，会計事務所が自ら買い手候補先を探す必要がなくなり，興味を持った買い手候補先から交渉を申し込んでくれるようになっています。日本税理士会連合会でも2018年10月より「担い手探しナビ」というM&Aマッチングサイトをオープンしています。

　本書では，顧問先のM&Aのサポートを行うための障壁の1つであった「自ら買い手候補先を探す」ことをせずに，「M&Aマッチングサイト」を活用することを前提に，どのようにM&Aを進めていけばいいのか，そのプロセスで必要な知識や留意点などを解説しています。本書を読んでいただければ，会計事務所におけるもう1つの障壁であった「M&Aの基礎知識不足」という問題についても解消できるものにしてあります。

　中小企業の事業承継の問題が「待ったなし」となっているこの時期に，本書は，会計事務所の皆さんに積極的に，かつ，少しでも安心して顧問先の売り手のアドバイザーになってもらうための，私からのご提案になっています。ぜひ，本書を読んでいただき，顧問先企業の事業承継のため，日本経済のためにお力になっていただければと思っています。そして，M&Aのサポート業務を通じて，今後の事務所経営への活路の一助にしていただければ幸いです。

　2020年2月

公認会計士・税理士　小木曽　正人

目　　次

コラム

契約書等の例，説明資料など

【M&A基礎用語】

　M&Aは欧米中心に展開されてきたものが日本に持ち込まれた関係で，カタ
カナや略語でさまざまな事柄を表すことが多いです。これらの内容が何かを知
らずに打ち合わせや交渉を行うと「あれ，この先生は何も知らないな！」と思
われ，交渉などが不利になる可能性があります。顧客である顧問先を守るため，
会計事務所の皆さんのリスクを軽減するために，最低限覚えておいたほうがい
い用語をまとめました。

主な用語	略称等	英　語	内　容
M&Aアドバイザー	FA（エフ・エー）	Financial Adviser	M&Aにおける価格や条件交渉の助言を行う担当者。なお，M&Aの仲介を行う担当者のことを指す場合もある。
守秘義務契約	NDA（エヌ・ディ・エー）CA（シー・エー）	Non-Disclosure Agreement Confidential Agreement	M&Aの検討を進めていくうえで開示した企業の情報を外部に漏らさないことを約束する契約。
ノンネームシート	―	―	M&Aアドバイザーが買い手候補先へM&Aの打診をする際に，譲渡対象会社の概要を匿名でまとめた書類。
ネームクリア	―	―	社名を相手側に開示すること。
企業概要書	IM（アイ・エム）CP（カンプロ）	Information Memorandum Company Profile	守秘義務契約を締結した買い手候補先に対して，より具体的に買収などを検討してもらうために譲渡対象会社などの詳細な情報や概況，魅力，買収条件などを提供する書類。
基本合意書意向表明書	LOI（エル・オー・アイ）MOU（エム・オー・ユー）	Letter of Intent Memorandum of Understanding	売り手，買い手双方がM&Aをより具体的に進めていくために締結する合意書，もしくは，買い手がM&Aに関する条件や考えを売り手に対して示す書類。

最終譲渡契約書 株式譲渡契約書	SPA （エス・ピー・エー） DA（ディ・エー）	Stock（Share） Purchase Agreement Definitive Agreement	売り手と買い手が最終的に締結する譲渡契約書。
クロージング	－	－	譲渡契約締結後，実際に株式などを売り手から買い手に移転させる最終的な手続。実際に権利の移転とともに譲渡対価が支払われることとなる。
M&A統合プロセス	PMI （ピー・エム・アイ）	Post Merger Integration	M&A成立後に行われる経営統合プロセス全体のこと。
買収監査 デューデリジェンス	DD （デューデリ，ディ・ディ）	Due Diligence	一定の行為者がその行為に先んじて払ってしかるべき正当な注意義務および努力のことをいい，M&Aの世界では，M&A実行に先んじて行われる調査（財務・税務・法務など）のこと。
価値評価 株価評価	バリュエーション	Valuation	M&Aなどにおいて譲渡対象会社の株式や事業の価値評価を行うこと。

注意点

　本書では，基本合意書（LOI）や最終譲渡契約書（SPA）をはじめとして，さまざまな書類を参考として掲載していますが，実務での利用の際には，案件に合わせて適宜加筆修正を行う必要がありますので，ご留意ください。なお，本書の契約書等をそのまま利用した場合であっても，筆者は何ら責任を負わないものとします。

第 **1** 章

会計事務所こそ
事業承継M&Aの救世主

　近年，顧問先から，「もうそろそろ会社をたたもうと思っているんだけど……」「来月で会社を廃業することに決めたんだけど……」というご相談やご報告が多くなっているのではないでしょうか？　そんなとき，会計事務所の皆さんはどのような返事や対応をしていますか？

　親族に後継者がいる会社は，平成30年度の税制改正により事業承継税制の特例制度が設けられ，懸念であった株式承継にあたっての贈与税，相続税の全額猶予等ができるようになり，一定の対策が図られました。

　一方，親族に後継者がいない会社は，いかに会社を承継していけばいいのでしょうか？　また，そのための支援として，会計事務所には何ができるのでしょうか？

1 中小企業の事業承継の行く末は……

(1) 迫りくる大廃業時代

　経済産業省が2019年に公表した「事業承継・創業政策について」によると，2015年時点での中小企業の経営者の平均年齢は66歳であり，過去20年間で20歳も上昇したというデータが出ています。そして，この傾向は今後も続き，中小企業・小規模事業者の経営者の2025年における年齢が70歳以上に達する割合は約6割，245万者にもなるといわれています。そのうち，約半分の127万者が後継者未定なのです。このような後継者不足の状態が続くと，中小企業の清算・廃業が急増し，2025年頃までの10年間で累計約650万人の雇用，約22兆円のGDPが失われる可能性があるとされています。

　その一方で，昭和や平成の初期のように，子供もしくは親族が経営を引き継いでくれる会社は年々減ってきているといわれています。その流れは加速することはあっても，減退することはないように感じています。

　中小・零細企業を顧問先にもつ会計事務所にとって，この「大廃業時代の到来」は対岸の火事ではなく，直面すべき問題であり，今後解決していかなければならない課題といえます。

(2) 親族外承継により会社を承継するという方法

　会計事務所として，顧問先の後継者不足に対してどのように向き合っていく必要があるのでしょうか？

　簡単です。中小企業の「清算・廃業」を減らせばいいのです。つまり，後継者がいないような中小企業が顧問先にいれば，清算・廃業を選択する前に，「M&A」により外部の第三者に事業を承継していけば，必然的に中小企業の

「清算・廃業」は減るのです。すべての顧問先は難しいとしても，実質的に黒字経営している会社や，純資産がプラスのような会社であれば，第三者へ引き継ぐことを諦める必要はありません。

　私は，事業承継には2つの方法しかないと考えています。1つは，後継者を親族に求める「親族内承継」で，もう1つが，事業の継承者を第三者へ求める「親族外承継」，つまりM&Aです。この2つとも選択できなかった会社が，事業承継の失敗，つまり「清算・廃業」を選択せざるを得ないということになるのです。

　「従業員へ承継させたい」とおっしゃる経営者がいますが，経営については承継できたとしても，株式の承継は資金的な問題や連帯保証など，一定のハードルが存在します。株式を念頭に考えた場合，従業員の承継も第三者への承継と同じと位置づけられるのです。

　従業員も含めて，後継者がいない清算・廃業が迫りくる顧問先を第三者へ承継することで大廃業時代を乗り切ることが，今喫緊の課題といえます。

(3)　清算・廃業は社会的な損失

　事業承継の失敗である「清算・廃業」は，周りに迷惑をかけ，多くのものを失います。共に頑張ってきた従業員を解雇しなければなりません。長年付き合ってきた得意先や仕入先などの取引先にも影響します。そして，長年会社の中に蓄積されてきたノウハウや技術などの目に見えない財産・価値を喪失させます。先ほども述べたように，これらを失うことにより，2025年頃までの10年間の累計で約650万人の雇用と約22兆円のGDPが失われ，日本経済にとって大損失となります。当然，その影響は，ブーメランのように中小企業によって支えられている会計事務所に跳ね返ってくることとなります。

　この中小企業の事業承継の問題は，会計事務所にとっても切実な問題であるといえます。おそらく全国の会計事務所の顧問先のほとんどが中小・零細企業ではないかと思います。そして，この顧問先に対して，税務顧問や税務申告業務を提供し，報酬を得ているはずです。顧問先の中核である中小企業が続々と

清算・廃業していくと，当然会計事務所も衰退の一途をたどることは火を見るよりも明らかです。ただでさえ，AIや自動化によって，会計事務所のこれまでの作業がなくなり，報酬単価が下落していくことが目に見えているにもかかわらず……です。

⑷　昔ほどM&Aへの抵抗感はなくなっている

　一昔前まで，「M&A」というと「乗っ取り」だとか，「ハゲタカ」だとか，あまり良いイメージはもたれていませんでした。しかしながら，近年では，企業規模の拡大や業績のアップ，新規事業への進出などといった経営戦略の一環として，上場会社を中心に大きな会社では当たり前のものとなっています。そして，この流れは，非上場の大規模・中規模企業にも浸透してきており，今では中小企業においてもM&Aを積極的に活用したいと考えている会社が増えてきています。

　中小企業庁の「2018年版中小企業白書」に示されている株式会社レコフデータの調べによると，日本のM&Aの件数はここ数年増加傾向にあり，2017年には3,000件を超え，過去最高となっているとのことです。

【図表１－１】M&A件数

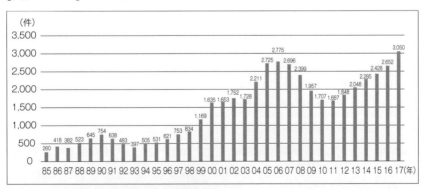

（出所）中小企業庁「2018年版中小企業白書」305頁

　また，非上場会社の事業承継のM&A仲介を中心に取り扱っている大手
M&A仲介会社（上場）3社のここ数年の成約件数を見ても右肩上がりの傾向
となっています。

【図表1－2】大手M&A仲介会社の成約件数

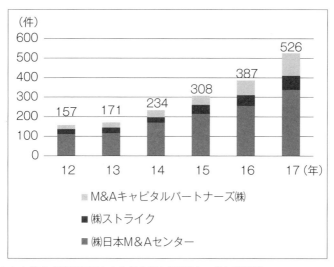

（出所）中小企業庁「2018年版中小企業白書」306頁を一部加筆修正

　このことからも，M&Aが以前のように上場会社のような大きな会社だけが
実施するというものではなく，比較的身近になってきており，かつ，事業承継
の1つの手段として利用されてきていることがわかります。

2 小規模企業のM&Aを阻む壁

　大廃業時代の波が押し寄せているとはいえ，外部の第三者への承継である
M&Aが増加しているのであれば，それでいいのではないかと思われるかもし
れません。しかし，M&Aの案件が伸びているのは，中小企業の中でも年商
3億円以上といわれる中規模以上の会社なのです。世の中の会計事務所の顧問
先の中核といえる年商3億円未満の小規模の会社のM&Aは実はそれほど増え
ていません。

　なぜ，小規模の会社のM&Aが進まないのでしょうか？　それは，小規模の
会社のM&Aを阻む4つの壁が存在するためです。

(1)　経営者の思い込みや印象

　小規模の会社のM&Aが進まない「1つ目の壁」が，経営者の自社への過小
評価という思い込みや印象です。

　中小企業庁によると，小規模事業者が事業売却を行う場合の障害として「買
い手企業を見つけることが難しい」という回答が約4割を占めており，一番の
理由に挙がっています。この「難しい」という回答の中には，「自分の会社は
本当に売却できるのだろうか」とか「自分の会社を買ってくれる企業が本当に
あるのだろうか」という考えが多くを占めているのだと考えています。実際，
私も売却を希望する経営者の方と話をすると，真っ先に出るのがこの点です。
売却後に，「本当に買ってくれるところが見つかるんですね」という言葉をか
けられることが多いのもその表れではないでしょうか。

　20年，30年以上続いている会社であれば，何かしらの魅力が備わっているは
ずです。企業を長く経営するのは並大抵のことではなく，一定の魅力やノウハ
ウなどがその会社に備わっているからこそ，続いてきたのではないでしょうか。

　しかしながら，経営者はこれまで自分の会社しか見ていない方が多く，自分の会社であればあるほど，その魅力や価値に気づかないのです。このような経営者の自社に対する思い込みや印象で，前に踏み切れていないケースが思いのほか多いはずです。

(2)　サポート体制の不足

　小規模の会社のM&Aが進まない「2つ目の壁」が，小規模企業のM&Aへのサポート体制が圧倒的に不足している点だと考えています。

　先ほども述べたとおり，日本のM&Aの件数が伸びているのは，年商3億円以上の中規模企業のM&Aが増えているからといわれています。中小企業庁が2016年に発表した「事業承継に関する現状と課題について」というレポートには，一定規模以上（年商3億円以上）の会社に対するM&Aについては，大手M&A仲介会社だけでなく，金融機関，証券会社などがサポートを行う体制が整いつつあると記載されています。実際，一定規模以上の後継者がいないと思われる企業に対しては「会社を売りませんか？」というようなダイレクトメールや電話などによる営業活動が非常に活発になっています。この中規模以上の会社については，どちらかというと売却案件の取り合いになっている状況といえます。

　その一方で，中小企業の約80％を占める小規模企業（個人事業主含む）には民間における担い手，つまりサポートできる専門家が圧倒的に不足しているとされています。

【図表1−3】 サポート体制の不足

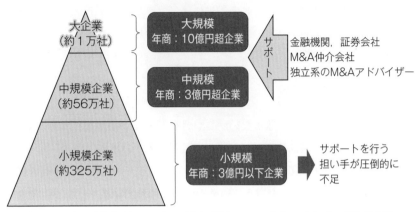

(出所) 中小企業庁「事業承継に関する現状と課題について」(2016年) を一部加筆修正

　このように，事業承継で悩んでいる企業の数に比べM&Aをサポートする専門家が圧倒的に不足していることが，日本の小規模企業のM&Aが進まない大きな要因といえます。

(3) 既存のM&A仲介会社の報酬の高さ

　小規模の会社のM&Aが進まない「3つ目の壁」が，既存のM&A仲介会社の報酬の高さによる影響です。

　小規模の会社のM&Aに対するサポート体制が整わない理由にもなるのが，サポートする側の中心である大手M&A仲介会社や金融機関などの報酬が高いことです。

　上場している大手M&A仲介会社に対する報酬はM&Aの売却金額などをもとに計算されますが，最低料金が2,000万円や2,500万円となっているともいわれます。金融機関やM&Aを専業としているコンサルティング会社などについても，そこまではいかなくとも，最低1,000万円近くの報酬が必要となることが一般的といわれています。

　比較的規模の大きい会社の場合，M&Aにおける売却金額などもそれに比例

する形で大きくなる傾向にあります。たとえば，数億円以上で売却できる規模の会社であれば，報酬が2,000万円くらいであっても，手許に売却金額が入ってくることから依頼することができるかもしれません。しかし，売却金額が数千万円の場合，報酬に2,000万円も払ってしまっては，売却後の手許金額が少なくなり，リタイア後の生活費などを考えると不安が出てしまい，頼みたくても頼めないというのが現状なのだと思います。

　高額な報酬が払えないのであれば，オーナー自らM&Aの交渉などを行えばいいではないかというご意見もあるかもしれません。実際，小規模企業同士でのM&Aでは，オーナー同士が交渉などを行って進めているケースもあります。しかしながら，オーナー自身が日常業務で忙しい中で並行してM&Aの交渉などを行っていくのは非常に大変であり，遅々として進んでいないケースが私の周りでも散見されています。また，M&Aに対する一定の知識がないまま進むと，M&A交渉時はもちろんのこと，M&A実施後に思わぬ落とし穴にはまってしまうこともあります。

　このように，既存のM&A仲介会社の報酬が高いため，経営者がM&Aをしたくてもそのサポートの依頼ができなかったことが，小規模の会社のM&Aが進んでこなかった1つの要因といえます。

(4)　買い手探しの難しさ

　小規模の会社のM&Aが進まない「4つ目の壁」が，買い手を見つけることが困難であるという点です。

　突然ですが，規模の大きな会社と規模の小さな会社，どちらのほうが買い手候補先を見つけるのが難しいでしょうか？

　実は，買い手候補先を見つけるのは，規模の小さな会社のほうが断然難しいのです。

　規模の大きな会社を買収するのは，上場会社や上場会社並みに大きな非上場の会社となります。特に上場会社の場合，M&Aを積極的に行う方針を公表している会社も多く，その割合は年々多くなっています。大手M&A仲介会社な

どがサポートする比較的規模の大きな会社のM&Aは，それを検討したいと考えている会社の情報が入手しやすいため，買い手候補先を見つけることが容易といえます。日頃から頻繁に情報交換をしている大手M&A仲介会社であれば，売却希望会社の情報を入手した段階で，ある程度M&Aを検討しそうな候補先が浮かぶ，という点でも見つけやすい状況にあります。

　その一方，規模の小さな会社は，買収を検討するのも同じ中小企業となります。小規模の会社を買収したいと思っている中小企業は，上場会社のようにM&Aを積極的に進めるという方針の情報発信が限定されているため，他社の買収を検討している会社の情報を得ることが非常に困難です。

　このように，これまでの買い手の探し方では，規模の小さな会社のほうが，買い手候補先を見つけられる可能性が小さいことも，小規模の会社のM&Aが増えなかった要因といえます。

3 小規模のM&Aのサポートこそ会計事務所が取り組むべき業務

　中小企業，特に規模の小さな会社の経営者がM&Aに取り組もうとしても，それを阻む大きな壁が存在したため，外部の第三者への承継であるM&Aを諦めて，「清算・廃業」の道を選択せざるを得なかったのがこれまでの現状なのだと考えています。

　しかし，このままでいいのでしょうか？　いいはずがありません。そうです。中小企業の経営者にとって一番身近な存在であるはずの会計事務所こそ，親族外承継であるM&Aのサポート役を担わなければなりません。

　それでも，「M&Aのことはわからないし，大手M&A仲介会社でも難しい小規模企業のM&Aのサポートが会計事務所にできるのか？」と思われる方もいるかもしれません。たしかに，これまでは難しかったのは事実です。一定の知識も必要となります。

　ただ，手の届かない難しい業務なのかというと，そうではありません。むしろ，会計事務所には，顧問先のM&Aのサポートを行うにあたって大きなアドバンテージがあります。また，それを行うだけの社会的な意義もあります。そして，今後の会計事務所の経営の基盤を支える業務となりうる可能性も秘めています。

(1)　高い優位性を持つ会計事務所

　実は，M&Aのサポート，特に売り手のM&Aアドバイザリー業務に関していえば，会計事務所には他のM&Aアドバイザリー会社に比べ，非常に高い優位性があるといえます。

　なぜならば，後継者がいなくて，M&Aでしか事業承継ができない会社を税務顧問先としてすでに抱えているからです。また，見込顧客（直近もしくは将

来的にM&Aを検討することでしか事業承継できない会社）を抱えているので
す。この事実には，以下のような優位性があるといえます。

① 売却希望会社を外部から探す必要がない

M&Aのアドバイザリー業務を受託するうえで，最も大変なのが，売却を希
望している会社を見つけることです。後継者不在で，会社を売却したいと考え
ている会社を見つけることは，事業承継という問題がデリケートな分だけ非常
に困難です。実際，大手M&A仲介会社は，事業承継で悩んでいそうな会社へ
ダイレクトメールや電話などをし，何度も訪問したうえで，やっとの思いで売
却案件を獲得しています。かなりのコストをかけて，１つの案件を獲得してい
るのが実態なのです。大手M&A仲介会社の報酬が非常に高い原因の１つは，
この売却を希望する企業（売り物件）の仕入のために多額のコストをかけてい
るからといえます。

その一方，会計事務所は，潜在的に後継者問題を抱えている企業に税務顧問
先として関与しています。この顧問先の中から，まもなくM&Aで親族外承継
をしなければならないと思われる会社に，清算・廃業ではなく，M&Aにより
事業を承継する道もあることを伝えることができます。

つまり，営業をほとんどかけることなく，売却を希望する会社と出会い，そ
こからM&Aアドバイザリー業務を引き受けることができる可能性があるので
す。これには，会計事務所がM&Aアドバイザリー業務を行ううえでの収益性
の観点から非常に優位性があるといえます。

② 一定の人間関係や信頼関係が築けている

事業承継の問題は，会社や経営者にとって非常にデリケートな問題です。そ
のため，一般的には，売りたいと考えている会社を探し当てても，経営者から
信頼を得られない限り，M&Aアドバイザーとしての仕事を任してもらうこと
ができません。そのために，何度も何度も経営者のもとに足を運び，徐々に信
頼を得て，M&Aアドバイザリー契約を締結してもらうこととなります。

　一方，会計事務所は，税務申告業務を通じて，すでに顧問先との間で長期間信頼関係を築いています。このように一定の信頼関係や人間関係が築けている会計事務所には，契約までのコストももちろんのこと，M&Aアドバイザーとして業務を進めていくためにも非常に優位性があるといえます。

③　財務データなどの情報をすでに持っている

　M&Aアドバイザリー契約を締結したのち，M&Aアドバイザーは売り手の会社の情報を経営者に依頼して入手する必要があります。一般のM&Aアドバイザーであれば，当然その会社の情報を何も持っていないため，一からこれらの情報を入手していかなければなりません。

　一方，税務顧問をしている会計事務所は，税務申告業務を通じて決算書をはじめとするさまざまな情報をすでに共有しています。そのため，改めて依頼すべき資料が少ないだけでなく，契約前であってもさまざまな検討ができる点に優位性があるといえます。

　このように，顧問先を抱えている会計事務所だからこそ，顧問先の「売り手」のM&Aアドバイザリー業務を行ううえでは，コスト的にも，人間関係的にも非常に優位性が高いといえます。実際，大手M&A仲介会社が会計事務所と提携しているのも，この会計事務所が持っている優位性に目をつけたためであるといえます。会計事務所として，この優位性を活かさない手はないですし，この優位性があるからこそ，小規模の会社に対してもM&Aアドバイザリー業務が展開できるポテンシャルを持っていると考えています。

(2)　長年支えてもらった顧問先の承継を会計事務所が支える意義

　実はこのようなデータがあります。2015年4月の法政大学大学院中小企業研究所およびアイエヌジー生命保険株式会社の「中堅・中小企業の事業継承に関する調査研究」によると，2014年度のアンケートでは，後継者問題の相談相手として社長が選ぶ1番目の相手が「顧問税理士・公認会計士」となっています。

【図表1－4】社長の相談相手

後継者問題の相談相手（複数回答）（n＝718）

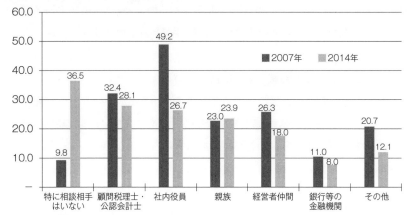

（出所）法政大学大学院中小企業研究所・アイエヌジー生命保険㈱「中堅・中小企業の事業
継承に関する調査研究」（2015年）を加筆修正

　当然，経営者には家族・親族といった身内や，いつも顔を合わせている社内
の役員がいるにもかかわらずです。なぜ，そこまで経営者からの信頼を得られ
ているのでしょうか。

　まず1つに，親族にとっても，役員にとっても，「事業承継」は非常にデリ
ケートな問題です。そのため，顧問税理士・公認会計士であれば，利害関係が
なく，客観的な意見を言ってくれるのではないかと考えているのではないで
しょうか。次に，事業承継の場合，株式の問題やお金の問題も絡んでくるため，
数字に強いということも相談しやすい決め手になっているのではないでしょう
か。そして最後に，長年税務申告という業務を通じて，会社の経営などの相談
に乗ってきたという実績なのだと思います。日本の場合，多くの企業が一旦税
務顧問を決めると1年や2年で変更することはせず，比較的長期間顧問を続け
るという特性も相まって，経営者と会計事務所との間に非常に強い信頼関係が
あるのです。

　現在日本の中小・零細企業は，この後継者問題に苦しんでおり，悩んでもい

ます。特に，後継者がいないといわれている127万者という膨大な数の会社が，清算・廃業を視野に入れながら，会社の継続・承継の問題に直面しています。逆の見方をすると，この悩んでいる127万者の大部分が，おそらく全国のどこかの会計事務所に税務申告の依頼をしているはずです。

　会計事務所側が，相談を受けられる体制をとり，顧問先に声がけをすれば，この127万者の経営者は今にでも皆さんに相談したいと考えているのではないでしょうか。先ほども述べたとおり，小規模企業の親族外承継，つまりM&Aのサポート体制はまだまだ不十分です。今一番相談したくて，サポートを受けたいと考えているのが，会計事務所である皆さんの目の前にいる顧問先なのです。

　長年，会計事務所の経営を支えてもらった顧問先の最大の経営課題である「事業承継」に対して何もサポートせず，顧問先を清算・廃業に追い込んでしまっていいのでしょうか？　後継者がいない中小・零細企業の事業継続を会計事務所が積極的にサポート・支援していくことは，大きな社会的な意義があると考えています。その意味からも，ぜひ会計事務所に顧問先のM&Aのサポート業務へ一歩足を踏み込んでいただきたいと考えています。

(3)　会計事務所の経営の活路になりうる「M&Aアドバイザリー業務」

　ここ数年，会計システムはものすごい勢いで進化し続けています。会計システムのクラウド化，金融データなどの自動仕訳や請求書の読み込みなどが現実となり，今後AI化が進めば，ますます税務や会計に関して人が関与することが少なくなります。

　このように今後の会計業界は，人を介して業務を行うことは少なくなり，近い将来，完全自動で会計処理や決算を組む時代が訪れるのは間違いないと思います。このような会計システムの進化に伴って会計事務所が従来行ってきた業務は奪われて，これまでと比較して税務顧問報酬が安価になっていくのは必然の流れといえます。

　その一方で，コンサルティング業務としての位置づけのM&Aサポート業務，

特にM&Aアドバイザリー業務はどうでしょうか？

　詳しくは後述しますが，M&Aアドバイザリー業務は，ある一定程度の M&Aの知識があれば行うことのできる業務といえます。十分なM&Aの知識 というよりは，顧客にどれだけ寄り添えるのか，安心してもらえるのか，適時 に動けるのかといった「コミュニケーション力」が求められます。また，税務 顧問のように定型的な仕組みに則って実施するものではなく，会社によって臨 機応変な対応が求められるため，知識よりも「経験」のほうが役に立つ業務で す。

　このように，コミュニケーションや経験といったものは自動化が難しく， AIにも容易には対応できない能力だと思われます。そう考えると，自動化， AI化が進んでも，容易に取って代わられない業務がM&Aアドバイザリー業務 といえます。

　加えて，M&Aアドバイザリー業務は，以下のような理由により，会計事務 所にとって非常に魅力的な分野といえます。

①　今後も事業承継型のM&Aは伸びていく

　2025年までを考えても，後継者がいない企業が127万者も存在するといわれ ています。また，ますます少子高齢化していくことを考えると，親族内承継の 減少傾向に対し，後継者のいない企業が増加する可能性が高いと予想できます。 これらのことから，この事業承継型のM&Aの件数は伸びていくことが想定さ れます。

②　報酬金額は他の業務に比べ高額

　M&Aに関する業務は，スポット業務（単発業務）であることに加え，直近 だけを考えると，大手M&A仲介会社や金融機関の高報酬設定による影響もあ り，比較的その報酬は高くなっています。小規模の会社のM&Aの場合，大手 M&A仲介会社ほどは難しいかもしれませんが，ある程度の報酬を受けること ができるのが，M&Aアドバイザーの業務といえます。

③　M&Aサポート業務は売り手のM&Aアドバイザーだけではない

　M&Aサポート業務は，顧問先の「売り手」のM&Aアドバイザーだけではありません。経験を積むことにより，当然顧問先以外の売り手のアドバイザリーや，さらに顧問先の「買い手」のアドバイザーなども行うことができるようになります。また，M&Aのサポート業務は，M&Aのアドバイザーという業務だけでなく，売り手の企業を事前に調査する「財務・税務デューデリジェンス」（デューデリ，DDともいわれます），売買における株式の価値を評価する「株式価値評価業務」や，顧問先に対してであれば，将来のM&Aのための「財務コンサルティング業務」などにも関与ができる可能性があります。

　数字のプロであり，顧問先を抱える会計事務所だからこそできる業務といえ，その幅は広く，小規模のM&Aのサポートの分野はまだまだブルーオーシャンであり，今後の会計事務所の経営の活路になる可能性を秘めているといえます。

　このように，会計事務所の今後の経営基盤の柱にしていくためにも，全国の会計事務所で小規模のM&Aのサポート，特に顧問先のM&Aアドバイザリー業務を行っていただきたいと考えています。

❖ 事務所内の体制づくり ❖

　会計事務所がM&Aアドバイザリー業務を行ううえで頭を悩ませる課題が，「誰がやるのか，誰にやらせるのか」ではないでしょうか？

　結論からいうと，できれば専門部隊を創設するか，もしくは専属メンバーを選定するのが一番いいです。

　専門部隊やメンバーがこの業務に従事することで，顧客に対し，豊富な知識や高度なサービスを提供できることを示し，さらなる安心と信頼につなげることができます。できればM&A（もしくは事業承継）部隊専用の名刺を作り，業務に応じて使い分けるなどするのも1つの方法です。

　顧問先とはいえ，巡回担当者にM&Aアドバイザリー業務も実施させるのは得策ではありません。本書でも随所で述べているように，M&Aには一定の知識が必要になるうえ，業務への対応も通常の巡回監査とは大きく異なります。過度に負担を強いて，業務が共倒れになるよりも，業務を明確に区分し，共に連携しながら顧問先をサポートできる体制づくりをすることが望ましいです。

　しかし，メンバーを完全に専属化することが難しい会計事務所も多いと思います。その場合は，M&A業務に素早く対応できるように，巡回監査などの通常業務の負担をあらかじめ少なくしておくなどの対応が必要です。

　M&A業務を行ううえでは情報が非常に重要です。そのためにも，M&A担当者には，地域のネットワークや銀行，全国とのつながりなどを持たせ，積極的に会合や研修会に参加させることが大切です。つながりを維持し，人間関係を構築するためにも，継続的に担当できるメンバーを選定しておくことが重要なのです。

　それでも「今は人に余裕がない。専属の担当を置くのは難しい」と考えている会計事務所は……

　所長自らM&Aアドバイザリー業務を行いましょう！！！

第 2 章

M&Aの基礎知識

　会計事務所にとって，顧問先の事業承継の問題を解決する1つの手段として，親族外承継，つまりM&Aの実施が挙げられます。長年支えてもらった顧問先の事業の継続の手助けができるこのM&Aには，社会的な意義があります。また，自動化やAI化が加速する会計業界の中で，比較的収益性の高いM&A関連業務は，事務所経営の活路の1つとなる可能性があります。しかしながら，ほとんどの会計事務所が，M&Aに関連する業務を行ったことがないばかりか，M&Aに関わることさえ少なかったのではないかと思います。

　M&Aの世界では，税務や会計のようにあらかじめ定められた法律や規則がないため，必ず遵守しなければならないものはありません。しかし，M&Aの実務では，知っておくべき慣習やM&Aの世界での常識などがあり，それらをもとにM&Aが行われています。このような基礎的なことを理解しないままM&Aに関連する業務を行うと，われわれ会計事務所はもちろんのこと，顧客である顧問先にも大きなリスクをもたらす危険があります。

　そこで，この章では，M&Aの業務に携わるうえで，知っておかなければならないM&Aの基礎的な知識である，M&Aの流れやM&Aアドバイザリー業務の内容などを中心に説明したいと思います。

1 M&Aの流れ

　M&Aに関連する業務を行ううえで，M&Aが通常どのように進んでいくのかを理解する必要があります。詳しくは「2　M&Aアドバイザーとは？」で説明しますが，M&Aアドバイザーは，M&A全般にわたってM&Aの流れ（M&Aプロセス）を管理するメインプレイヤーとなります。したがって，今どこまで進んでいるのか，次に何が必要となるのかを頭に入れながら業務を行うことが求められます。

(1)　一般的なM&Aの流れを理解しよう

　M&Aは図表2-1のようなプロセスで進むことが一般的です。ただし，絶対この通りに進めなければならないというものではないため，案件によっては省略されたり，別のプロセスが追加されたりする場合もあります。なお，一般的なM&Aでは，このプロセスに最低でも半年から1年程度かかり，場合によっては1年以上にわたることもあります。

①　M&Aアドバイザリー契約の締結

　顧問先からM&Aの相談を受け，M&Aアドバイザーの依頼を受けたら，まず初めに「M&Aアドバイザリー契約」の締結を行います。

②　ノンネームシートの作成

　アドバイザリー契約の締結後，候補先を探すために顧問先の社名を伏した会社の概略を示す「ノンネームシート」の作成を行います。

【図表2−1】 M&Aのプロセス

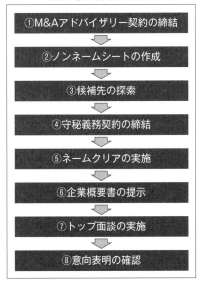

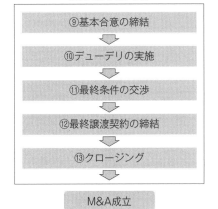

③ 候補先の探索

　顧問先を引き継いでくれると思われる買い手候補先をリストアップし，候補先に対してノンネームシートを送るなどして探索をします。

④ 守秘義務契約の締結

　興味を示した候補先に対して，より詳細な情報を開示して検討してもらうために，「守秘義務契約」の締結を行います。

⑤ ネームクリアの実施

　守秘義務契約を締結したのち，買い手候補先に対して顧問先の社名を開示します。

⑥ 企業概要書の提示

買い手候補先にさらなる検討をしてもらうために，顧問先の概要をまとめた「企業概要書」を含めた基礎情報を開示します。

⑦ トップ面談の実施

顧問先と買い手候補先の経営者（トップ）同士が直接面談し，お互いの考えなどの理解を深める機会を作ります。

⑧ 意向表明の確認

顧問先から提示した条件をもとに，買い手の買収の意思の有無や，買収に際しての条件等についての「意向表明」の確認を行います。

⑨ 基本合意の締結

価格などの基礎的かつ重要な条件を合意し，M&Aを本格的に進めるために協力することを誓う「基本合意書」の作成を行います。

⑩ デューデリの実施

買い手候補先が売り手である顧問先の財務や法務などの実態やリスクを把握するために調査を行います。

⑪ 最終条件の交渉

デューデリの結果に基づき，最終的な契約のための交渉を行います。

⑫ 最終譲渡契約の締結

最終交渉の結果，まとまった条件などを書面として「最終譲渡契約書（株式譲渡契約書）」にまとめ，双方締結を行います。

⑬　クロージング

　最終譲渡契約書に基づき，実際に株式を買い手に譲り渡すとともに，買い手から譲渡代金を受け取ります。

(2)　大きく分けると2つのフェーズに分けられる

　売り手側のM&Aプロセスは，細かなステップに分かれていますが，そのステップは大きく2つの段階（フェーズ）に区分されます。1つは，「買い手の探索と選定」というフェーズ，もう1つが，「M&Aをまとめる」というフェーズです。

①　フェーズⅠ：買い手の探索と選定

　「買い手の探索と選定」というフェーズのことをM&Aの世界では「ファインディング」，「マッチング」ともいい，買い手を探し，募り，絞っていく作業となります。前述のプロセスでは，①から⑧までがその作業に該当します。

　会計事務所がアドバイザリー業務を行ううえでの障壁の1つが，前半フェーズの「買い手の探索と選定」のうち，「③候補先の探索」でした。顧問先を引き継いでくれるような買い手を自身で探すというのは非常に難しいため，業務を引き受けるのをやめるか，それとも大手M&A仲介会社へ紹介するなどの対応をせざるを得ませんでした。しかしながら，近年の「M&Aマッチングサイト」の出現により，この「候補先の探索」というプロセスを非常に簡易かつスピーディーに行うことができるようになりつつあります。

　このM&Aマッチングサイトについては第3章で，そしてM&Aマッチングサイトを利用してどのように買い手を探索し，選定していくのかについては第4章で詳しく説明したいと思います。

②　フェーズⅡ：M&Aをまとめる

　「M&Aをまとめる」というフェーズのことをM&Aの世界では「エグゼキューション」ともいい，1社に選定した買い手候補先と交渉を行い，最終的

な契約までの取りまとめや管理，実際の経営権の移譲などを行う作業となります。前述のステップでは，⑨から⑬までがその作業に該当します。

　後半の「M&Aをまとめる」というフェーズについては，マッチングサイトを利用するか否かで必要となる作業に大きな差異はありません。このフェーズについては第5章で詳しく説明しますが，現在はそのほとんどの作業がマッチングサイト外での作業となるためです。ただし，今後はこのフェーズについてもマッチングサイト内で作業ができるようになることが期待されます。

　また，このフェーズの作業は，M&A規模の大小によってもそれほど大きな差はありません。そのため，前半の「買い手の探索と選定」に比べて，M&Aアドバイザーに求められる知識は少し専門的になります。

　通常，後半の作業は税理士や公認会計士，弁護士などの各専門家が売り手側，買い手側についてサポートを行います。しかしながら，われわれは会計の専門家であるがゆえ，外部の税理士・公認会計士に頼ることができません（できないわけではありませんが，顧問先から「大丈夫？」と思われてしまう可能性があります）。そのため，大手M&A仲介会社や金融機関，独立M&Aアドバイザーの担当者に比べ，M&Aに関連する会計面・財務面での知識を頭に入れておく必要があります。

2 M&Aアドバイザーとは？

　本書は，会計事務所の皆さんに顧問先の「M&Aアドバイザー」に就いていただき，後継者がいない会社の親族外承継であるM&Aのサポートをしてもらうことを目的としています。

　では，そもそもM&Aアドバイザーとはどのような仕事をするのでしょうか？

(1)　M&Aの核となるM&Aアドバイザー

　簡単にいうと，M&Aアドバイザーとは，M&Aプロセス全般を取り仕切るメインプレイヤーです。M&Aのスタートから譲渡完了であるクロージングまでの全体のコーディネートを行うことが求められます。当然，売り手に代わって，買い手候補先や買い手候補先のM&Aアドバイザーとのやりとりや交渉なども必要となります。また，買い手候補先などにM&Aの検討をしてもらうためのノンネームシートや，企業概要書（IM）の作成などを行います。さらに，会計事務所ではあまり行わないような，基本合意書（LOI）や最終譲渡契約書（SPA）などの契約書関係についてもアドバイスを行うことが求められます。

　このように，M&A全般にわたって売り手である顧問先のサポートやアドバイスを行うことが求められることから，当然，会計や財務だけでなく，法務や労務，ビジネス関係などの幅広い知識が必要となります。

　さまざまな専門分野に関する幅広い知識が必要と説明しましたが，安心してください。M&Aアドバイザー1人ですべての業務を行う必要はありません。契約書の作成やクロージング時の必要書類などは弁護士や司法書士に依頼するなど，各専門家のサポートを受けながらM&Aを進めていきます。それぞれのプロセスで必要と思われる専門知識を持った人物と連携しながら，M&Aを進

めていくこととなります。

　ただし，M&Aアドバイザーは，売り手である顧問先の交渉窓口であるとともに，M&Aプロセスの管理者という位置づけもあるため，これらの専門家をうまくコーディネートすることも大切な業務であるといえます。

(2)　M&Aアドバイザーの業務はそれほど難しくない

　M&Aアドバイザーは，M&A全般にわたって幅広い知識が必要なものの，より専門的な分野に関しては，各専門家に任せることができます。そのため，専門家のコーディネートやM&Aプロセスの管理ができれば，誰でも実施できてしまう業務ともいえます。特に会計事務所の場合，売り手のM&Aアドバイザーは，売り手の経営者との信頼関係をすでに築いているため，それほど難しい業務ではありません。

　M&Aの業界には認定的な資格がありますが，M&Aアドバイザーを行うにあたって必要となる公的資格は存在しません。なかには，私のように公認会計士や税理士などの専門資格を用いてM&Aアドバイザリー業務を行う者もいますが，世間でM&Aアドバイザリー業務を行っているほとんどが専門資格のない人たちです。

　このように，専門資格がなくとも最低限のM&Aの知識を有していれば，比較的誰でも行うことができるのがM&Aアドバイザリー業務の特徴ともいえます。そのため，上場している大手M&A仲介会社や金融機関，監査法人系のコンサルティングファーム，独立系のM&Aアドバイザリー会社などさまざまなプレイヤーがM&Aアドバイザリー業務を行っているのです。

　このように考えると，M&Aにおいて中核をなすべき財務・税務・会計の専門的な知識を有している会計事務所には，それ以外のM&Aの基礎的な知識を身につけるだけでM&Aアドバイザーとなれる素養が十分に備わっているという点でも他より優位性があるのではないでしょうか。

⑶　その他のM&Aのプレイヤー

　M&Aアドバイザー以外にもさまざまな専門家がM&Aに関わると述べましたが，どのような専門家がどのようにM&Aに関わるのか説明したいと思います。

【図表２－２】M&Aプレイヤーの相関図

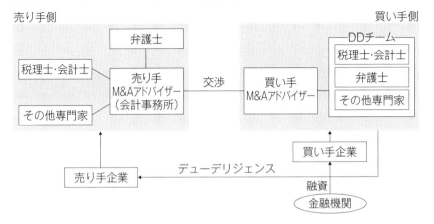

①　税理士・公認会計士（顧問先以外の）

　M&Aの最大の焦点は，「いくらで売却するのか」という売買価格であることは間違いありません。そのため，売り手側の財務数値がクローズアップされるのは必然といえ，そのプロである税理士，公認会計士はM&Aにおいて重要な役割を果たすこととなります。

　ただし，売り手側と買い手側とではその位置づけは少々異なります。売り手側の場合，財務・税務のデューデリ（セラーズデューデリ：売り手側が実施する簡易的なデューデリ）やバリュエーションはM&Aアドバイザー自ら行うのが一般的です。その実施時期は，顧問先とM&Aアドバイザリー契約をした直後の事前準備段階となります。

その一方で，買い手側では，通常M&Aアドバイザーとは異なる，専門知識のある税理士・公認会計士が行うこととなります。その実施時期は，基本合意書の取り交わしを行った後が一般的です。これらの違いは，デューデリやバリュエーションを行う目的によるものです。つまり，売り手側は，条件提示などを行ううえでの目安感を示すことを目的としている一方で，買い手側は，M&Aを実行するか否かの最終的な見極めや価格交渉などのために厳密に調査を行いたいという明確な目的があるためといえます。

このように売り手のM&Aアドバイザーとしては，簡易とはいえ財務・税務デューデリやバリュエーションを自ら実施しなければならないため，これらの業務に対する一定の知識が必要となります。特に会計事務所がM&Aアドバイザリー業務を行う場合には，他の事務所に頼むことは難しいため，なおのこと必要となります。

② 弁護士

M&Aにおいてもう１つ重要なものがあります。それが，最終譲渡契約書（SPA）です。M&Aの諸条件やM&A成立後のトラブル発生時の解決方法などさまざまな内容が最終譲渡契約書（SPA）に記載されます。そのため，最終譲渡契約書（SPA）については，その作成もしくはチェックを弁護士に依頼することが一般的です。また，最終譲渡契約書（SPA）に先んじて取り交わす基本合意書（LOI）も作成もしくはチェックを依頼する場合があります。

買い手の場合には，必要に応じて，会社の法務面（労務面も含むこともあります）のリスクの洗い出しを行うために，弁護士に依頼して法務デューデリを行います。

弁護士には，どちらかというと「M&Aをまとめる」という後半フェーズで関与してもらうことが多くなります。そのため，M&Aの経緯などを正確かつ網羅的に弁護士へ説明することがM&Aアドバイザーに求められます。

③　その他の有資格者

　取締役の変更等の登記関係や譲渡日前後の会社法上の手続書類の作成などについては司法書士に任せるのが一般的です。

　そのほか，必要に応じて，買い手側による労務面でのデューデリや，従業員との雇用関係の締結や整理が必要となる場合には，社会保険労務士がM&Aに関わる場合があります。また，M&Aと同時に不動産売買が発生する場合や，不動産の価値がM&A上ポイントとなるような場合には，不動産鑑定士などが関与することとなります。

　その他の有資格者には必要となった場面で関与してもらうことになりますが，司法書士についてはクロージング手続に関与することとなるため，最終譲渡契約の締結付近から依頼をすることとなります。

④　金融機関

　買い手側が手許資金だけで買収できないような場合には，金融機関の融資が必要となります。

　M&Aは買い手候補先が守秘義務を遵守しながらプロセスが進むこととなります。そのため，交渉期間中に金融機関に売り手の情報をどこまで開示できるのかという問題が発生します。買い手候補先に十分な与信力があり，買収決定後であっても借入がスムーズにできる場合であれば問題ありませんが，与信力が十分でないと，契約は締結したものの買い手側が買収資金を捻出できないという事態に陥る危険性があります。

　売り手のM&Aアドバイザーとしては，買い手側が金融機関から借入を行わなければ買収資金が捻出できない場合には，M&Aを成立させられない危険性があることを十分理解しておかなければなりません。そのためにも，プロセスの前半部分「買い手の探索と選定」のフェーズにて，各候補先からどのような形で買収資金を調達する予定なのかを確認しておく必要があります。

3 仲介とファイナンシャル・アドバイザー（FA）の違い

　「M&AアドバイザーってM&Aの仲介の人じゃないの？」と思われている会計事務所の皆さんも多いかもしれません。実際，日本でM&Aを専業としている上場会社4社（日本M&Aセンター，M&Aキャピタルパートナーズ，ストライク，名南M&A）はすべてM&A仲介業を行っている会社です。これらの会社とのつがなりが強い会計事務所にとっては，「M&Aアドバイザー＝M&A仲介」というのが常識なのかもしれません。

　しかしながら，この日本におけるM&Aアドバイザーという役割は，実は2つの意味を持ち合わせているのです。1つは，会計事務所の皆さんが思い描く「M&A仲介」です。もう1つが，「ファイナンシャル・アドバイザー（FA）」というものです。ここでは，これらの違いについて説明したいと思います。

(1) 似ているようで違う仲介とファイナンシャル・アドバイザー（FA）

　M&A仲介とファイナンシャル・アドバイザー（FA）の違いを簡単にいうと，図表2−3のように「間を取り持つのか」，「どちらか一方につくのか」です。

【図表2−3】仲介とFA

　M&A仲介は，売り手と買い手の間に入ってM&Aを取りまとめるための調整を行うのに対し，ファイナンシャル・アドバイザー（FA）は，売り手もし

くは買い手のどちらかについて，委託を受けた顧客のためにアドバイスや交渉
などを行うこととなります。

　では，さらに具体的にM&A仲介とファイナンシャル・アドバイザー（FA）
の違いを説明しましょう。

①　契約する相手

　最も大きな違いは，誰と契約するのかという点です。M&A仲介は，売り手
と買い手の間を取り持つことが目的であるため，両者と契約します。一方，
ファイナンシャル・アドバイザー（FA）は，顧客の要望に基づきアドバイス
や交渉などを行うため，売り手もしくは買い手の一方としか契約を結びません。

②　利益相反関係

　この契約相手の違いが両者の役割に大きな違いを与えることとなります。

　M&Aでは，売り手が買い手に対して株式などを譲渡しますが，その際，譲
渡価格や各種条件について交渉を行います。当然両者とも少しでも有利な条件
での契約を目指します。特に価格に関して，売り手は少しでも高く，買い手は
少しでも安くというのが経済的に合理性のある考え方であるはずです。

　このように売り手と買い手の間には，必然と求めるものが異なり，どちらか
が有利になるということは，どちらが不利になってしまうという関係があると
いえます。それにもかかわらず，M&A仲介が両者と契約するということは，
事の大小はあるものの，M&Aを成立させるために調整を図る過程で，どうし
ても一方に不利な条件を受け入れさせる必要が出てきます。本来顧客のために
働くべき立場であるにもかかわらず，M&Aアドバイザーが不利な条件を押し
付けてM&Aを成立させ，報酬をもらうということになりかねません。

　つまり，M&AアドバイザーのうちM&A仲介では売り手・買い手との間に
「利益相反」が発生しているのです。このような利益相反が潜在的に発生して
いるM&A仲介を行うためには，ファイナンシャル・アドバイザー（FA）に
比べ，非常に高い倫理観や能力を持つことが求められるといえます。

⑵　日本でM&A仲介が主流となっている理由

　世界を見渡すと，M&Aアドバイザーの主流は，どちらかのアドバイザーであるファイナンシャル・アドバイザー（FA）です。日本においても上場企業同士のM&Aや大規模案件となると，ファイナンシャル・アドバイザー（FA）が売り手，買い手の双方についているのが一般的です。それにもかかわらず，中小企業の，それも事業承継型のM&Aの場合，利益相反という問題があるにもかかわらず，M&A仲介が一般的であるのはなぜなのでしょうか？

　1つの理由としては，売り手の経営者が譲渡価額よりも従業員や取引先の引継ぎを重視しているためだと考えられます。M&Aが盛んな欧米とは異なり，日本の事業承継型のM&Aでは，経営者が自分の手許に入ってくる譲渡価額よりも，従業員の雇用の維持や取引先に迷惑をかけないこと，ひいては自分の会社が継続的に経営されていくことに重きを置く傾向が強くなっています。実際に，譲渡価額において本当にシビアな交渉などが行われないことが事業承継型のM&Aの場合は多いです。そのため，調整役であるM&A仲介であってもM&Aアドバイザーとしての役割を果たすことができるのだと思います。

　もう1つは，日本のM&Aの情報ネットワークが未成熟であったことが挙げられると思われます。これまでは，M&Aの情報はある特定の人たちのみが知ることができた希少性の高いものでした。売りたい，買いたいという情報でさえです。そのため，M&Aアドバイザーとしての能力が，相手を見つけるという「マッチング機能」に重きを置かれ，交渉は二の次という傾向にあったこともM&A仲介が主流になった要因と考えられます。

⑶　なぜ売り手のファイナンシャル・アドバイザー（FA）がいいのか？

　事業承継型のM&Aの場合，M&Aアドバイザーの主流はM&A仲介です。しかし，会計事務所がまず取り組むべきは，M&A仲介ではなく，売り手のファイナンシャル・アドバイザー（FA）だと考えています。

　理由の1つは，M&A仲介には，前述した利益相反という課題があるためで

す。特に売り手である顧問先のM&Aアドバイザーの場合，情や思いがどうしても売り手に入ります。そうなると，必然的に売り手の肩を持つような行動に出てしまう可能性があります。逆に，どうしてもM&Aを成立させたいため，買い手側の要望を聞きすぎて，本来手厚いサポートや助言を求めていたはずの顧問先に不利な条件を押し付けてしまう可能性も出てきます。このような事態を避けるためにも，まずは顧問先である売り手のファイナンシャル・アドバイザー（FA）としてM&Aアドバイザリー業務を行うことをお勧めします。

　もう1つの理由は，売り手のファイナンシャル・アドバイザー（FA）に徹したほうが簡単かつリスクが小さいからです。実は，同じファイナンシャル・アドバイザー（FA）であっても，買い手のファイナンシャル・アドバイザー（FA）のほうが難易度は数段上です。なぜなら，買い手は本当に買収していいのか，買収金額は妥当なのかということを真剣に検討する必要があるため，求められるアドバイスの内容も当然高度になります。また，デューデリの場面では，弁護士や公認会計士などの専門家と連携をとることが求められます。仮に，買収後に想定外のリスクなどが出てきた場合には，買い手のファイナンシャル・アドバイザー（FA）の責任を追及されてしまう危険性もあります。

　このように，売り手側と買い手側のファイナンシャル・アドバイザー（FA）の難易度が違うにもかかわらず，売り手側のM&Aアドバイザーとしての十分な経験がないなかでM&A仲介を行うことは非常にリスクが高いといえます。

　しかしながら，小規模のM&Aの場合，すべての案件で売り手側のファイナンシャル・アドバイザー（FA）に徹することが難しい場合もあります。小規模のため，買い手側が独自でファイナンシャル・アドバイザー（FA）をつけず，自分自身で交渉をしてくる場合などです。買い手側が経験者であればいいのですが，未経験である場合には，結果として買い手側のサポートも求められることも少なくありません。このような場合，買い手側にファイナンシャル・アドバイザー（FA）をつけてもらうように依頼することも検討すべきですが，難しい場合には，M&A仲介的な形で顧問先の事業承継のために努力することが必要となることも念頭に置いておく必要があります。

4 M&Aアドバイザー以外の M&A関連業務

　会計事務所がM&Aに関われる業務は，M&Aアドバイザリー業務だけではありません。実は，図表2－4のように，さまざまな業務に関われる可能性があります。

【図表2－4】M&A関連業務

M&A準備期間	M&A実施期間

会計事務所ができるM&A業務	M&Aコンサルティング業務	M&Aアドバイザリー業務
		M&Aセカンド・オピニオン業務
		財務・税務デューデリジェンス業務
		株式価値評価業務

　先ほどM&Aに関わる専門家の中で説明したように，「財務・税務デューデリ」は会計・財務・税務の専門家である会計事務所が関与することが多いM&A関連業務といえます。近年は，比較的小規模のM&Aであったとしても，最低限財務・税務デューデリだけは実施しておこうという傾向にあることからも，会計事務所が今後関わることが多くなる業務だといえます。

　株式価値評価業務についても，数字のプロであるため，会計事務所が関わることが多い業務といえます。ただし，株価評価を厳密に行おうとすると，一定の専門知識が必要となります。特に上場会社からの依頼に基づき，評価報告書などの提出を求められるような場合には，それを提出した会計事務所が一定のリスクを負う可能性があるため，評価を専門としている会計事務所やコンサル

ティング会社と相談しながら進めることをお勧めします。

　この他にも，さまざまな業務に関わることができる可能性があります。特に顧問先を持つ会計事務所だからこそできる「M&Aコンサルティング業務」と，M&Aアドバイザリー業務が理解できると対応することができる「M&Aセカンド・オピニオン業務」については，会計事務所ならではの業務ともいえますので，少し詳しく説明したいと思います。

(1)　会計事務所だからこそできる「M&Aコンサルティング業務」

①　M&Aコンサルティング業務の必要性

　実は，私のところへM&Aのご相談に来られる経営者のほとんどが，後継者がおらず，直近数年間の業績が低迷しており，事業意欲も減退気味の方です。後継者もおらず，一定の年齢も来て，業績も低迷してきたので，そろそろ辞めようかと考えるお気持ちは非常によくわかります。しかし，それまでに何ら計画もなく，この時点でM&Aを実行することは，本音をいえば，あまりお勧めしません。

　最大の理由は，やはり売買価格を低くせざるを得ないという点です。M&Aで利用される株価の評価方法はさまざまありますが，直近数年間の利益水準は売買価格に大きな影響を与えます。直近数年間の業績が安定もしくは上昇傾向にあれば，買い手候補先もそれを期待して売買価格を見込むこととなります。一方，減少傾向や赤字が続いていると，利益構造の見直しや売上の増加などの対策のためのコストなどを考え，その分売買価格を抑えることとなります。このように，少しでも高く売却したいのであれば，利益は上昇とまではいかないものの，M&Aの直近数年間の利益は比較的安定していることが望ましいといえます。

　どの会計事務所でも，親族後継者への承継の場合には，株式を後継者に移管もしくは集約する計画を立てて，サポートしているのではないでしょうか？その一方で，外部の第三者への承継の場合には，計画を立ててまでサポートしている会計事務所はほとんど見当たりません。

現時点で後継者がいない，決まっていない顧問先は，今後事業を承継していくためには，いずれ「親族外承継」，つまりM&Aを選択せざるを得ません。それをいつ決断するのかの違いだけであり，清算・廃業を望まないのであれば，どこかでその決断をしなければなりません。そうであるならば，「親族外承継」であるM&Aも，承継目標時期を定め，そこまで計画を立てて進めるのが一番の成功の道であると考えています。実は，「事業承継は計画が第一」というのは，親族内承継だけでなく，親族外承継も同じなのです。そうであるならば，後継者がいない顧問先に対しても承継計画を立てて，サポートするチャンスは，どの会計事務所にでもあるのではないでしょうか。

② どのようなことを実施するのか？

では，どのような計画を立てて進めればいいのでしょうか？

実は，特別なことをする必要はありません。私は，会計事務所が日頃顧問先に提供している「事業計画作成支援サービス」を提供すればいいと考えています。一定の年齢が来ており，事業意欲が減退気味の経営者は，おそらくこのような事業計画の支援サービスを受けたがらないのではないかと思います。ただ，その経営者も，仮に5年後M&Aを実施した場合と今M&Aを実施した場合とで売却価格が大きく変わる可能性があることがわかれば，このサービスを受け入れるのではないでしょうか？

進め方も，皆さんが提供している事業計画作成支援サービスと基本的に同じ手順でいいのだと思います。ただし，その中で現状と計画実行後の売却価格水準の比較をすることが大切だと思います。これにより，経営者に明確な目標を与えることができ，事業意欲の減退による業績の悪化を避けることができます。会計事務所としても，事業計画作成支援サービスというコンサルティング報酬を受け取ることができるとともに，M&Aの見込顧客をきっちり確保することができるはずです。

このように，将来のM&Aに向けて計画を立てられるようなサービスを顧問先に提供できるようになったのであれば，できれば以下のような取組みをその

計画期間中に実施することをお勧めします。

(i)　定期的な財務内容の診断

　非上場会社の場合，税務基準で財務諸表が作成されていることがほとんどです。そのため，損金には落とせていないが換金性のない資産や時価と簿価が大きく乖離している資産，引当金などの未計上の債務などといった問題が財務諸表の中に存在しています。

　この帳簿上の純資産と実態の純資産の乖離は，株価に大きな影響を与えることとなります。将来M&Aを計画している顧問先に，自分の会社の実態の純資産がいくらなのかを認識してもらうことは非常に大切です。皆さんが考える以上に，税務上の純資産が実態であると思い込んでいる経営者は多いのです。M&Aの実行時に初めて実態純資産を見せると，「今までの決算は何だったんだ。嘘をついていたのか？」というような言葉が出てくることもしばしばあります。

　このようなトラブルを避けるためにも，帳簿上の純資産と実態の純資産には乖離はあるのが当たり前であることを事前に説明しておくとともに，年に1度くらい実態純資産をお伝えすることが大切です。

(ii)　各種資料の準備・整備

　M&Aのプロセスの中でデューデリ，つまり買収監査というステップが必ず出てきます。その際，買い手候補先もしくは候補先が委託した各専門家から，調査にあたって膨大な資料の依頼を受けることがあります。調査段階で準備するのはかなりの重労働となり，このデューデリというものを受けることに辟易して売却をやめてしまう経営者もいるほどです。

　また，本来法律的にそろっていなければならない資料が会社にない場合，コンプライアンス違反などによってM&A自体なくなってしまうこともあります。

　このような直前での事務負担を軽減するとともに，法令で最低限求められる資料の整備状況を把握し，足りない資料を整備しておくことは計画段階で十分可能です。会計事務所としても，M&A実施期間の負担を減らす意味でも，各種資料の準備・整備は非常に重要です。

⑵　M&A仲介が関与していてもできる「M&Aセカンド・オピニオン業務」

　「今度，大手M&A仲介会社と契約してM&Aで会社を売却することを決めたよ！」と突然顧問先から報告を受けた経験はありませんか？　そのようなとき，「大手M&A仲介会社がやるんだったら，会計事務所は何もできないね」と思って，何も提案せず終わっていませんか？

　このようなとき，M&Aアドバイザリー業務に関する一定の知識があれば，「M&Aセカンド・オピニオン業務」の提案ができます。

　顧問先である売り手の経営者は，M&Aの機密性の観点から誰にも相談できないばかりか，会社を売却するためのさまざまな決断を自分だけでしなければなりません。たとえば，M&Aプロセスの中の「トップ面談」では，数人で来る買い手候補先に対して，売り手である顧問先は経営者1人で臨まなければならないのがほとんどで，非常に孤独であるともいえます。

　また，日本の売り手の経営者のほとんどは，M&Aを初めて経験するため，M&A仲介会社が言っていることが本当に良いことなのかを判断できない場合が多いです。

　M&A仲介とファイナンシャル・アドバイザー（FA）の違いを説明しましたが，M&A仲介は売り手，買い手に中立的な立場で業務を行う必要があります。その一方で，M&Aでは，どうしてもどちらかに有利・不利となるような交渉場面が出てきます。その場面でM&A仲介に提案されることをどのように判断すればいいのか，という不安を売り手の経営者は常に抱いていると思います。

　このような不安な売り手の顧問先に寄り添ったサポートを行うのが，「M&Aセカンド・オピニオン業務」です。実施する主な業務は，次のとおりです。M&Aアドバイザーとしての業務のほとんどは，M&A仲介会社が実施するため，打ち合わせへの同席などが主となり，時間をかけるような作業はほとんど発生しません。その一方で，顧問先の経営者は，相談相手ができ，かつ，安心してM&Aを進めることができます。

- M&A仲介会社との打ち合わせへの同席
- トップ面談への同席
- デューデリの準備の手伝いとデューデリへの出席
- M&A仲介会社から出された売買価格の検討
- その他売り手オーナーからの相談対応
- 基本合意書のレビュー
- 最終譲渡契約書のレビュー

　このように，たとえM&Aアドバイザリー業務が受注できなくとも，顧問先の次のステップへの手助けができることとなります。

　実は，この「M&Aセカンド・オピニオン業務」は，売り手となる顧問先だけでなく，買い手となる顧問先にも提供が可能です。

　大手M&A仲介会社の中には，基本合意を締結するまで，買い手候補先に対してはアドバイスやサポートを行わない場合があります。さまざまな買い手候補先がいる中，複数の買い手候補先に平等にアドバイスすることは難しいためであると思われます。M&Aに慣れている顧問先が買い手になるのであればいいのですが，慣れていない会社の場合，この基本合意締結前では，本当に買収を検討していいのか，いくらで買えばいいのかなど不安を抱えているはずです。

　このように，顧問先が買い手候補先の場合であっても，M&Aアドバイザリー業務の知識と経験があれば，「M&Aセカンド・オピニオン業務」としてサポートができるのです。

❖ M&A後，会計事務所は変えられてしまう？ ❖

顧問先が親族外承継，つまりM&Aで他社に買収されてしまうと「顧問先がなくなってしまうのではないか？」と思われる方も多いと思います。顧問先がなくなってしまうくらいなら，M&Aを進めないほうがいいと思われている方もなかにはいるのかもしれません。

では，M&A後，顧問先は必ずなくなってしまうのでしょうか？

私自身，この点について確実なことはいえませんが，実務で見ている限り半々ではないかと思います。

M&A実行後，顧問契約が続くケースがあります。その特徴の1つに，会計事務所が顧問先のことを詳しく理解していることが挙げられます。理由は簡単です。売り手のことを理解している会計事務所を変えることは買い手にとってリスクになるためです。当然，買い手もM&A直後は売り手のことが十分理解できていません。それにもかかわらず売り手のことを熟知した会計事務所を変更することは，経営上マイナスにしかなりません。

逆に，顧問先とコミュニケーションが取れておらず，会社への理解が不十分な会計事務所は，M&A後に変更されることが多いように見受けられます。

このほか，買収相手が遠方の場合には，顧問契約が継続しやすいです。その一方，買収相手が上場会社の場合には，グループ内で経理業務を行うことが多いため，顧問契約が解除される傾向にあります。

たしかに，M&Aにより顧問先を失う可能性は否定できません。その一方で，後継者がいない顧問先は，いずれ「清算・廃業」を選択せざるを得ず，その時には100％顧問先はなくなってしまうのです。

会計事務所が顧問先のM&Aアドバイザーを担ううえでまず払拭しなければならないのが，「顧問先がなくなってしまう」という懸念です。顧問先が継続できる未来と経営者のハッピーリタイアを考えた場合，会計事務所としてどのような選択肢をとるべきかは自明ではないでしょうか。

第3章

事業承継M&Aの最大の壁
買い手先の探し方

　後継者がいない顧問先から事業承継の相談を受けたとき，M&Aという方法は浮かぶものの，M&Aアドバイザリー業務を受託することをためらう大きな理由の1つが「ファインディング（マッチング）」，つまり「買い手の探索と選定」に対する不安ではないでしょうか。

　たしかに，後継者がおらず，会社の承継に悩んでいる顧問先を助けたいという気持ちは，会計事務所であれば当然に浮かぶと思います。しかしながら，「そもそも顧問先を引き継いでくれるような会社が本当にあるのだろうか」「どのように買い手を探せばいいのか」という不安も浮かんでしまうと，会計事務所としてM&Aアドバイザリー業務を引き受けていいのか悩んでしまうという気持ちは痛いほどわかります。私も大手監査法人から独立した直後，M&Aの世界から少し身を引いた理由の1つが，「自分だけでは買い手候補先を探すのは難しい」と考えたためです。

　しかしながら，中小企業の事業承継が社会問題になりつつあるここ数年，「買い手先を探す」ことに関する環境は変化し始めています。そこで，この章では，会計事務所が顧問先へM&Aアドバイザリー業務を行う際に，どのようにして買い手候補先を探すべきかについて説明していきたいと思います。

1 M&A仲介会社の買い手先の 探し方とは

　これからM&Aアドバイザリー業務を行おうとしている会計事務所が，どのように買い手先を探すべきかを説明する前に，そもそも日本における大手M&A仲介会社や金融機関，M&A専門のコンサルティング会社などがどのようにして買い手先を探しているのかについて説明したいと思います。

(1)　実は，非常にアナログな方法で探している

　M&Aのアドバイザーを専門としている会社が買い手候補先を探すためには，大きく分けて次の3つのステップを踏むケースが一般的であると思われます。

①　第1ステップ：ロングリストの作成

　「ロングリストの作成」とは，売り手企業の買収を検討するとM&Aアドバイザーが考える候補先を一覧にしたリストを作成することをいいます。主として，売り手企業と同業の業種を中心に，規模や地域などを加味して作成することとなります。50社から100社程度のリストにすることが一般的ですが，多いと数百社リストアップすることもあります。

②　第2ステップ：ショートリストへの絞込み

　「ショートリストへの絞込み」とは，ロングリストでリストアップした候補先について，一定の条件のもとに売り手の経営者と協議するなどして，コンタクトをとる相手先を絞り込むことをいいます。

　このステップでは，コンタクトをとる候補先について優先順位をつけることもありますが，少しでも多くの候補先に検討してもらうためにも，ロングリストでリストアップした企業については，極力すべてに電話や郵送などで，次の

ステップである候補先との接触を行うこととなります。そのため，この段階での絞込みとは，売り手の経営者が，今回の買収にふさわしくない会社や，M&Aを検討していることを知られたくない会社を候補先から除外するという作業になることが多いと思われます。

③　第3ステップ：候補先との接触

　「候補先との接触」は，その名のとおり，ショートリストで抽出した企業とのコンタクトをとることをいいます。ショートリストでリストアップした企業に対してM&A仲介会社などの担当者が，電話や郵送などを利用して上位から順に1件1件連絡をとります。そして，興味を持った候補先に対して，担当者が直接訪問などして面会し，ノンネームシートをもとに，売り手企業の概略の説明を行います。

　この説明をして，さらなる検討をしたいと申し出た企業に対して，守秘義務契約（NDA）を締結したうえで，より詳細な情報である企業概要書（IM）などを提供し，より詳細な検討を買い手候補先にしてもらうこととなります。

　実は，この候補先との接触に最も時間がかかります。なぜならば，多いと数百社とコンタクトをとることとなりますし，そのほとんどは「検討しない」という回答です。そのため，詳細な検討をし，買収したいという意思決定をしてくれる会社が出てくるまでこの作業を続けることとなります。

　このように，大手M&A仲介会社をはじめ，M&Aアドバイザーが実施している買い手候補先の探し方は，非常にアナログな方法といえます。アナログであることは，その分時間がかかることを意味し，コストもその分かかることにつながります。多いときにはこの「ファインディング（マッチング）」までで数百万円のコストがかかるともいわれています。

(2)　M&A仲介会社が持つ優位性

　では，会計事務所も同じようにすれば，M&A仲介会社と同等のレベルで買い手候補先が見つけられるのでしょうか。実はそう簡単ではありません。

　M&Aを専業としているM&A仲介会社は，この買い手候補先を探す能力，つまり，マッチング力（ファインディング力）に相当程度の優位性を持っています。そのため，高額な仲介手数料にもかかわらず，売り手，買い手ともに進んで報酬を支払っているのです。では，なぜM&A仲介会社がこのマッチング力に優位性を持てるのでしょうか。

①　一定規模以上の案件を取り扱っている

　M&A仲介会社が受注しているのは，第1章でも説明したように，中規模から大規模の会社のM&A案件です。

　「M&Aは規模が大きくなればなるほど難しいのでは？」と思われる方が多いと思いますが，実はそうとも言い切れません。たしかに，M&Aを進めるうえで気をつけなければならないことは多くなりますが，中規模から大規模の案件のほうが買い手候補先は見つけやすいのです。

　なぜなら，その規模のM&Aの場合，上場会社をはじめとする大規模企業や投資ファンド会社（複数の投資家から集めた資金をM&Aなどで運用する会社）などが買収を検討するためです。上場会社は常に収益性の向上，規模の拡大を株主から求められているため，IR（インベスター・リレーションズ：企業が株主などへ業績や今後の見通し，経営方針などを広報するための活動）などでM&Aを積極的に実施することを謳っている企業は非常に多いです。投資ファンドに至っては，M&Aによる投資が本業であることから非常にわかりやすくなっています。

　このように，一定規模以上の案件であればあるほど，買いたいという情報が溢れているため，マッチングが容易となります。

②　買い手情報を潤沢に有している

　M&A仲介会社の場合，M&Aアドバイザリー業務が本業であることから，常にM&Aを積極的に実施したいという会社との接触を図っています。

　M&A仲介会社はM&Aアドバイザリー業務を通じて，さまざまな買い手候

補先とコンタクトをとります。ある案件では「検討しない」と決断したとして
も，M&A自体には積極的であり，「このような技術や顧客を持っている会社
なら買いたい」などの意見を直接聞くことができます。このように日々買い手
候補先とのコンタクトを重ねることで，M&Aの戦略的な部分の情報を多く有
することができています。そのため，譲渡希望の案件が獲得できた段階で，精
度の高いロングリストの作成ができるという優位性を有しているといえます。
大手M&A仲介会社の場合，売り手と協議するための最初のリストが20社から
30社程度に絞り込まれていることが多いように思われます。

③　比較的売却しやすい業種・会社を中心に取り扱っている

　M&Aには，人気のある業種，売りやすい業種があります。昨今では調剤薬
局や，システムエンジニアを有するシステム会社などがそれに該当します。こ
のような中，M&A仲介会社も企業活動としてM&Aアドバイザリー業務を実
施している以上，収益性を確保するために，できるだけ早く，容易に売却でき
る業種や会社を優先的に取り扱う傾向にあります。

　また，M&Aアドバイザリー業務を繰り返し実施することで，特定の業種で
M&Aを頻繁に繰り返すストロング・バイヤーと呼ばれる企業がわかるように
なります。その業種の譲渡案件が出てきたら，ロングリストなどを作る前に，
まずそのストロング・バイヤーに持ち込むのです。そうすることで，買い手探
しを短期で終わらせることができるという点に優位性があるといえます。

(3)　会計事務所が真似すると収益性の悪化と信頼の喪失を招く

　一方，われわれ会計事務所に当てはめてみるとどうでしょうか。

　会計事務所が携わるM&Aは，中小企業の中でも事業承継で後継者がいない
小規模な会社が中心となります。このような小規模な会社の買収を希望するの
は，同じ非上場の中小企業であることがほとんどです。しかしながら，M&A
をしたいと密かに考えている非上場の中小企業があったとしても，上場会社の
ようにIRなどで経営戦略の発信をしていないため，このような買収希望情報

を会計事務所が容易に得ることは困難といえます。

　また，ほとんどの会計事務所は，M&Aアドバイザリー業務ばかりを行うわけにはいかないため，顧問先である売り手企業のことを買収したいと希望する会社の情報を通常持ち合わせていません。

　そのような状況で，M&Aアドバイザーを専業としている会社が行っているような買い手候補先の探し方をするとどうなるでしょう？

① 時間とコストが膨大にかかる

　そもそもM&Aアドバイザーを専門に行っている会社のような「精度の高いロングリスト，ショートリスト」が作成できません。そのため，必然的に候補先としてピックアップしなければならない会社数が，数百社にも及んでしまうこととなります。

　当然このように精度の低いリストに基づき，候補先への接触を図ろうとすると，常日頃コンタクトをとっていない会社との接触となるため，断られることはもちろんのこと，意思決定者とコンタクトをとるまでに時間がかかることとなります。加えて，時間をかけてコンタクトがとれたとしても，その会社がM&Aを希望しているのかどうかさえわからないため，必然的に買収を希望していない会社との接触が増えることとなります。

　このように，M&Aアドバイザーを専門に行っている会社が行うファインディング（マッチング）に比べ，時間とコストが膨大にかかることとなるのは，火を見るよりも明らかです。

② 収益性が悪化する

　会計事務所が取り扱うM&Aの案件規模はM&A仲介会社に比べ小さいため，得られる報酬も当然少なくなります。その一方で，ファインディング（マッチング）のための時間が多くかかるため，コストは膨れ上がります。

　収入であるM&Aアドバイザリー業務の報酬は小さく，コストは多くかかるということは必然的に収益性が悪くなり，場合によっては，コストが収益を上

回ってしまう可能性もあります。

③　顧問先からの信頼を失いかねない

　会計事務所がM&Aアドバイザリー業務を引き受けてから，興味を持ってもらえる買い手候補先を探してくるまでに時間がかかると，顧問先である売り手の経営者からは「本当に真剣に見つけてくれているのか」という疑念を持たれることとなり，顧問先からの信頼が薄れてしまう危険性があります。

　会計事務所がこのような環境に置かれている状況では，たとえ後継者がいない顧問先があったとしても，収益的にも，顧問先からの信頼を損なわないためにも，「M&Aアドバイザリー業務を自分のところで引き受けないほうがいい」「M&A仲介会社へ紹介しよう」という選択をせざるを得ないのは，ある意味納得できる決断だと思います。

2 「自ら探さない選択」こそ 会計事務所がとるべき道

　これまでのM&Aの環境下では，会計事務所が顧問先のアドバイザーを行う上で大きなハードルがあったといえます。しかしながら，大廃業時代が近づきつつある今，これまでのようにM&A仲介会社への紹介だけで終えていいのでしょうか？　特に小規模の会社については，M&A仲介会社へ紹介したとしても積極的に取り扱ってくれない可能性が高いです。このまま顧問先が清算・廃業するまで税務顧問を続けるだけでいいのでしょうか？

　実は，会計事務所が自分の力だけで事業承継の問題を解決する必要はありません。さまざまなツールやつながりなどを使って，事業承継で悩んでいる会社を救おうという流れができつつあります。ここでは，これからの時代，会計事務所が買い手候補先をいかにして探すべきなのかについて説明したいと思います。

(1) 自ら買い手候補先を探さないという選択

　会計事務所が顧問先のM&Aアドバイザリー業務を実施する場合，どのようにして買い手候補先を探せばいいのでしょうか。それも一定の収益性を確保し，かつ，できるだけスピード感をもって……。

　それを解決する大きなポイントとなるのが

「自ら買い手候補先を探さない」

という選択です。

　何を言っているんだと思われる読者もいらっしゃると思いますが，実はこの選択こそ，会計事務所がM&Aアドバイザリー業務を行う上での最大のポイントだと考えています。

　なぜ，会計事務所がM&Aアドバイザリー業務を敬遠するのかというと，前節で述べたとおり，買い手候補先を自ら探すことが非常に困難であり，仮に探せたとしても時間とコストがかかり過ぎて，業務としての収益性が良くないからだと思います。そうであれば，そもそも会計事務所が自ら買い手候補先を探さなければ，このような問題は解消するはずです。

　では，「自ら買い手候補先を探さない」でどのようにして買い手候補先を見つけるのか。その解決方法のカギとなるのが，「他の会計事務所などとの連携」と「M&Aマッチングサイトの活用」だと考えます。

⑵　他の会計事務所などとの連携

　会計事務所が顧問先である売却希望の売り手のM&Aアドバイザリー業務に徹することで，以下のような連携が可能となります。

①　同じ悩みを持つ会計事務所との連携

　後継者がおらず事業承継先に悩んでいる中小企業を顧問先に抱えている状況は，おそらく全国のほとんどの会計事務所で同じであろうかと思います。そして，その顧問先の親族外承継であるM&Aについて，どのようにサポートすればいいのか，同じように悩んでいる会計事務所も全国に存在しています。

　このように考えると，同じ悩みを持つ同業である会計事務所同士が連結して，M&Aに関する情報のやりとりを行うことで，他の会計事務所に買い手候補先を探してもらうという方法が考えられます。売り手だけでなく，買い手からも報酬をもらうM&A仲介の場合は難しいですが，他の会計事務所が買い手候補先のM&Aアドバイザリー業務を引き受けることができるということであれば，買い手候補先を探してくれるはずです。

　実際に，全国規模で定期的にM&Aの案件情報やM&Aに関するさまざまな情報共有を行っている団体も存在しています。そこでは，地域別に売り手情報をノンネームで出し合って，別の会計事務所が買い手候補先を紹介するなどしてM&Aを進めています。このような団体に所属していると，会計事務所同士

の信頼関係も深まるため，安心してM&Aを進めることができるというメリットもあります。私もこのような団体に所属し，買い手候補先を別の会計事務所から紹介してもらい，M&Aを成立に導くことができました。

　同じ悩みを共有する会計事務所が集まることで，自分の会計事務所だけで行うより，より多くの買い手情報が集まることとなるため，マッチングの確率も高くなるといえます。また，自ら買い手候補先を探さなくてもよくなり，時間やコストは格段に少なくなります。

②　地域のM&A特化事務所との連携

　そもそもそのような団体へのコネクションや情報がないような場合にはどうすればいいのか，という疑問があろうかと思います。

　このような場合は，同じ地域でM&Aを積極的に実施している会計事務所に，買い手候補先となるような会社がいないかどうか探してもらうことも有効な手段です。M&Aを積極的に実施している会計事務所には，「売りたい」という情報以上に，「買いたい」という会社の情報が多く集まってくる傾向にあります。そのため，会計事務所が自ら買い手候補先を探すよりも，スピーディーに，かつ，確度の高い買い手候補先を見つけてくれる可能性があります。

③　事業承継支援をサポートする団体との連携

　このほか，中小・零細企業の事業継続に問題提起を行い，会計事務所が主体となってM&Aのサポートを行うことを目的とした団体がいくつか設立されています。このような団体では，所属する会計事務所からの売り手情報を同じ団体に所属する全国の会計事務所向けに発信することで，買い手候補先を持つ会計事務所につないでくれます。

　このように，多くの企業を顧問先として抱えている同じ地域や全国の会計事務所に買い手候補先を探してもらうことで，自ら買い手候補先を探す手間やコストが省けるばかりか，確度の高い買い手候補先とのマッチングが可能となります。また，このような会計事務所同士の交流を深めることで，M&Aアドバ

イザリー業務で出てくる悩みや疑問を共有することもでき，その知識や経験を深めることも可能となります。

　このような連携は，会計事務所同士だけでなく，買い手候補先の情報を多く有している地域金融機関とも可能だと思います。特に金融機関は，買収資金の融資ができるというメリットがあるため，積極的に買い手候補先を探してくれる可能性があります。

⑵　M&Aマッチングサイトの活用

　もう１つの方法として，昨今注目されているのが，「M&Aマッチングサイト」を活用した買い手候補先の探索です。

　M&Aマッチングサイトとは，インターネットにおけるプラットフォーム上でM&Aを望む売り手と買い手候補先をマッチングしていくサイトのことをいいます。買い手候補先に対して，前述したような電話，郵送，直接訪問といったアナログな方法で会計事務所が自ら売り手を提案するのではなく，プラットフォーム上でお互いが自由にアクセスしてマッチングを行っていくものです。これにより，従来の方法よりもスピーディーにM&Aが成立するようになり始めています。

　このM&Aマッチングサイトは，日本では数年前まで２つ程度しかありませんでした。しかしながら，中小・零細企業の事業承継の必要性がさかんに論じられ始めた2017年の年末頃より，複数のマッチングサイトがオープンしています。現在，おそらく10〜20くらいのサイトがあると思われます。目下，M&Aの業界，事業承継の業界において大変注目を集めているビジネスといえます。

　主だったマッチングサイトとその特徴は図表３－１のとおりです。

【図表３－１】M&Aマッチングサイトの紹介

主なサイト名 （運営団体）	特　徴	利用者
担い手探しナビ （日本税理士会連合会）	日本税理士会連合会が，税理士を主体に，中小企業の後継者探しを支援するために2018年10月に立ち上げたM&A総合サービス。税理士同士がM&Aの売り手，買い手を登録し，引継先を探していくサイト。	売り手，買い手ともに税理士
TRANBI （トランビ）	M&Aの仲介を自ら実施しない会社による事業承継型のM&Aプラットホームサイト。オーナー・専門家どちらでも売り手案件の登録ができるとともに，買い手としてもすべての案件が閲覧できるオープンなサイトであることが特徴。	個人，法人，M&A専門家の誰でも自由に利用できる
Batonz （日本M&Aセンター）	M&A仲介の最大手である日本M&Aセンターが運営する小規模のM&Aをマッチングするためのサイト。登録は売り手のオーナーが直接できる。原則として，日本M&Aセンターの会員の金融機関・税理士等を専門家につけることでスムーズな成約に導くことができるのが特徴。	個人，法人，M&A専門家の誰でも自由に利用できる
SUCCEED （ビズリーチ）	ハイクラス転職サイトを運営するビズリーチによるM&Aマッチングサイト。人材派遣で培った買い手情報の優位性を活かして，売り手情報を載せることにより，買い手企業からのオファーが高確率で来ることを強みとしているのが特徴。	売り手はM&A専門家，買い手は法人
M&A プラス （デロイト トーマツ ファイナンシャルアドバイザリー合同会社）	大手監査法人系のM&A専門会社が運営するM&Aマッチングサイト。各専門家がサイト上で出した売り手，買い手の情報だけでなく，運営会社が直接依頼を受けた案件のうち，小規模なものをサイト上にアップし，アドバイザーを募るなどの仕組みがある。	売り手，買い手ともにM&A専門家

　各マッチングサイトには，それぞれ特徴があります。誰もがいつでも売却希望の案件を見ることのできるものもあれば，買い手企業しか見れないもの，M&A専門家しか見れないものもあります。また，利用者も，M&A専門家に限定しているものもあれば，個人，法人問わずに利用できるサイトも存在します。この他にも，M&Aで買収を希望する買い手の情報をサイト上でオープンにして，その中から売り手が直接交渉を持ちかけるサイトなどもあります。このようにそれぞれのサイトがさまざまな特徴をもって運営されています。

　ただ，共通しているのは，マッチングサイトの運営会社は，基本的に載っている案件について，直接M&Aアドバイザリー業務を行わないため，当事者間同士もしくはわれわれ会計事務所のような専門家がM&Aを成立に導いていくことが求められるという点です。また，一部のサイトを除いては，このマッチングサイトを利用して会社を売却する場合，売り手および売り手のM&Aアドバイザーには，運営会社に対する手数料が発生しない（利用手数料は，買い手もしくは買い手のM&Aアドバイザーが支払う）という特徴を有しています。

　このマッチングサイトの最大の魅力は，売却案件をプラットフォームに載せておけば，興味を示した買い手候補先から連絡してくれるという点です。これまでのアナログな方法の場合，M&Aの打診は売り手から買い手になされていました。そのため，そもそも興味を示すかどうか不明な候補先にも打診が必要であったため，空振りが多くなり，買い手候補先を見つけるのに多くの時間とコストがかかっていました。

　一方，M&Aマッチングサイトでは，一部のサイトを除いて，買い手から売り手へM&Aの打診がなされます。当然買い手は興味がなければ打診しないため，売り手に興味を持った買い手候補先が連絡してくれるということとなります。つまり，興味を示した買い手候補先とのみ交渉すればよくなり，時間とコストが格段と軽減されることとなります。買い手候補先の探索によるコストが軽減できれば，小規模のM&Aであったとしても，大手M&A仲介会社やM&A専門のアドバイザリー会社のように多額の報酬を受け取らなくとも，M&Aアドバイザリー業務が引き受けられるはずです。

【図表３－２】M&Aマッチングサイトの最大の魅力

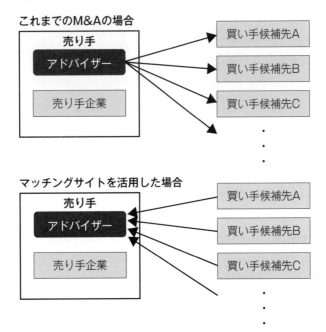

　実際に，M&Aマッチングサイトを利用してM&Aをどのように進めるのか
ということについては，「第４章　M&Aマッチングサイトを活用して買い手
を探そう！」で具体的な事例を用いて説明したいと思います。

3 M&Aマッチングサイト活用の メリット・デメリット

　近年，事業承継の問題解決の観点からさまざまなM&Aマッチングサイトが出現してきており，これを活用して買い手候補先を見つけることにより，われわれ会計事務所にコスト削減というメリットがあることはわかりました。

　では，実際に事業承継を行う顧問先，つまり売り手にはどのようなメリット，デメリットがあるのでしょうか？　ここでは，従来の方法による探索では勝ち得なかった，M&Aマッチングサイトの活用による顧客側のメリットを紹介したいと思います。

⑴　M&Aマッチングサイト活用によるメリット

　M&Aマッチングサイトを活用することによるメリットとしては，①スピード，②思い込みの排除，③売り手本位の3つが挙げられます。

①　スピード

　M&Aマッチングサイトを活用することの最大の魅力は，なんといってもそのスピード感です。

　M&A仲介会社などが実施しているアナログな方法の場合，早くて3か月から6か月程度，時には1年以上かかっていた「買い手候補先の探索」というプロセスが，1か月から2か月程度で済みます。実際に，M&Aマッチングサイトの先駆け的な存在である「TRANBI」では，マッチングサイトに売却案件を掲載すると，1週間から2週間程度で平均11社程度の買い手候補先からのオファーがあるということです。

　買い手候補先からのオファーが早いということは，それだけ買い手候補先の選定が素早くできることを意味します。買い手候補先の選定に時間とコストを

【図表３－３】 M&Aマッチングサイトの有用性

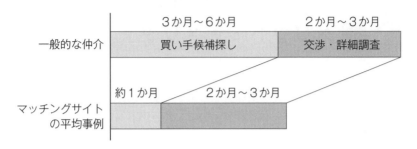

かけることなくM&Aアドバイザリー業務ができれば，小規模のM&A案件であっても，十分収益性を確保することができると思われます。

　実際に，私もM&Aマッチングサイトを利用してM&Aを実施していますが，そのほとんどで１か月以内に候補先が10社程度集まり，掲載して2，3か月で買い手候補先との間で基本合意の締結までこぎつけています。

② 　思い込みの排除

　M&Aマッチングサイトを活用するもう１つの魅力が，思わぬ買い手候補先からのオファーがあるという点です。

　従来のM&A仲介が実施している方法だと，M&Aアドバイザーが「この会社を買収したいと思っているのは，この会社であろう」と過去の経験からリストアップした先に対して問い合わせを行います。通常，売り手の同業他社などを中心にリストアップしていきます。これは，これまでのM&Aは，規模の拡大，売上高の拡大という目的が中心であったためです。

　しかし，近年では，会社の主力事業ではなく，その周辺の事業や全くこれまで実施していないような新規事業への進出のためにM&Aを活用する企業が多くなっています。また，外部委託によるコスト増を避けるため，外注業務の内製化を進める企業も増えてきました。従来の方法で買い手候補先を探した場合，周辺事業はまだしも，新規事業をしたいと考えている会社や内製化を進める会社などは，業種が大きく異なり，リストから漏れるため，探索しきれません。

一方のM&Aマッチングサイトの場合，業種業態を問わず，買い手候補先は一定の手続を行えば売却案件を見ることができるため，周辺事業や新規事業への進出をしたい会社や内製化を進めるために異業種へ参入したい会社なども買い手候補先として売り手に交渉を持ちかけることができます。前述の「TRANBI」によると，ゲームアプリの開発会社が出版事業の会社，水道修理会社が内装補修を行う会社，そして酒類販売会社がIT会社を承継するといったM&Aも実際に成立しているということです。

このように，従来型の買い手候補先の探索方法では，絶対マッチングができなかったような業種同士のM&Aを成立させられるのも，M&Aマッチングサイトならではの特徴であるといえます。

③　売り手本位

さらに，M&Aマッチングサイトを使うことで売り手が買い手を選べるという魅力があります。

M&A仲介による従来の買い手候補先の探索方法の場合，ロングリストを作る前に，「この会社なら必ず買う」と思われる会社へ売却案件を持ち込みます。ストロング・バイヤーと呼ばれる，M&Aを頻繁に実施している会社への持ち込みが一番早く案件を成立させられるためです。また，ロングリストを使う場合であったとしても，有力な企業が1社出てきた段階でそれ以外の候補先との接触をやめてしまうケースもあります。そうなると，売り手は，買い手候補先として1社としか接触せず，M&Aが進むこととなります。「本当にこの会社に自分の会社を任せていいのか？」という不安を抱きながらも，「売却できないよりはいい」と自分に言い聞かせて，交渉を進めているのが本音ではないかと思います。

一方，M&Aマッチングサイトの場合は，複数の買い手候補先からの交渉オファーが来るため，1社に絞るまでは，売り手が買い手を選べる権利を有することとなります。複数の買い手候補先のうち，価格の条件が良い，引き継いでくれる際に自分と気が合う，規模が大きいなどさまざまな要素を加味しながら，

最終的に1社に絞ることができます。複数の会社と交渉したうえで，最終的に1社を選んだという納得感が売り手の経営者に生まれることとなります。仮に，いくつかの企業と交渉したうえで，それぞれの会社の買収価格が売り手の経営者の希望に届かなかったとしても，「世間の評価はこの値段なのだ」と自分自身で納得ができます。

　このように，買い手からオファーが来るマッチングサイトは，売り手が納得できるような買い手候補先を探すことができるという点で，魅力があるといえます。

(2)　M&Aマッチングサイト活用によるデメリット

　メリットがある以上，M&Aマッチングサイトには当然にデメリットも存在します。それは，情報がオープンになってしまう点と，交渉相手が見えない点です。

①　情報がオープンに

　M&Aマッチングサイトによっても異なりますが，比較的オープンなサイトであればあるほど，さまざまな人に案件情報が見られてしまいます。M&Aマッチングサイトでは，当然会社名は明かさないものの，会社の魅力などを伝える必要があるため，一定の情報をプラットフォーム上に開示することとなります。詳細な情報が開示されればされるほど，「もしかしたら，自分の会社が売却しようとしているのが世間にわかってしまうのでは？」と経営者が心配になるのも仕方がないといえます。このように，さまざまな買い手候補先からのオファーが期待できる反面，関係のない人にもM&A案件情報が見られてしまうデメリットがあるといえます。

　私もM&Aマッチングサイトに案件情報を登録する際，売り手の経営者から「これではうちの会社だってわかってしまわないか？」と尋ねられることがあります。ただ，これまでM&Aマッチングサイトを利用して，匿名の状態で売り手の会社名が判明して問い合わせが来たことは1度もありません。経営者は

自分の会社のことをよく知っているため，案件情報を見ると自分の会社にしか思えませんが，この情報のみで会社を特定される可能性は極めて低いと説明することもM&Aアドバイザーの仕事の1つといえるかもしれません。

②　交渉相手が見えない

　もう1つのデメリットが，買い手候補先の相手の顔が見えないなかで交渉を行うことです。

　M&Aマッチングサイトでは，現状トップ面談の実施まではプラットフォーム上でのやりとりとなり，要求しない限り，相手の顔を見ることなく交渉を進めることができます。裏を返せば，相手が誰なのか，どれだけ本気でM&Aをしたいと思っているのかがわからないまま交渉を進めなければなりません。それも複数の相手とです。従来のマッチング方法であれば，相手が何者なのかがわかったうえで情報を提供しているため，このような心配は発生しません。

　M&Aマッチングサイトでは，どのような相手が交渉を申し込んできているのかを見極めることが大切となります。なかには，案件情報を見て，興味本位や買収できないにもかかわらず交渉を申し込む相手などが少なからず存在します。このような相手をいかにふるいにかけて，真剣な買い手候補先と交渉を進めることができるかがカギとなります。

♣ M&Aマッチングサイトを利用する際の心構え ♣

　M&Aマッチングサイトは，相手と直接会うことなくコミュニケーションをとることができ，交渉も行うことが可能となります。一方で，インターネットのプラットフォーム上でのやりとりとなるため，以下の点に注意する必要があります。

(1)　返事はできるだけ早めに行うべし

　M&Aマッチングサイトでは，直接の面談や電話ではなく，メールで相手方と交渉を進めることとなります。そのため，M&Aを進める意思の強さを相手に伝える最も有効な手段は，「メッセージ返信の速さ」となります。

　1週間経ってからの回答では遅く，あまり本気でないのではと相手が考えてしまう可能性があります。日常のビジネス同様に，M&Aアドバイザーであれば，最低でも翌営業日までに回答することを心がけましょう。もし，忙しい場合や回答に一定期間かかる場合には，相手方にその旨を伝えることで，相手に熱意を示すことが大切になります。

(2)　言葉遣いには気をつけるべし

　M&Aマッチングサイトでは，トップ面談までどのような相手（年齢，性別，バックグラウンドなど）と交渉しているのか不明です。これは，交渉相手も同様です。そのため，M&Aマッチングサイト上のメールの文面から交渉相手の性格やM&Aの目的などを知ろうとしてお互いに慎重にならざるを得ません。

　M&Aマッチングサイトでは直接会わず，声を聴かなくても交渉を進められる気軽さはある一方で，メールの文面はいつもより丁寧に記載することを心がけてください。メールの初めの挨拶などは重要です。それにより，相手にも誠意が伝わることとなります。

第 **4** 章

M&Aマッチングサイトを活用して 買い手を探そう！

　　これまで会計事務所がM&Aアドバイザリー業務を行う上での最大の障壁は「買い手の探索と選定」でした。それが，ここ数年大きく変わりつつあり，特に小規模のM&Aにとって救世主的な存在になっているのが，「M&Aマッチングサイト」です。

　　しかしながら，そもそもM&Aアドバイザリー業務もほとんどわからず，ましてやM&Aマッチングサイトを活用してどのように買い手候補先を探せばいいのかわからない状況では，安心して業務を引き受けることができないと思います。

　　そこで，この章では，事例を用いて，会計事務所が顧問先から事業承継の相談を受けてから，M&Aマッチングサイトを活用して買い手候補先を見つけ，選定していく流れを解説したいと思います。

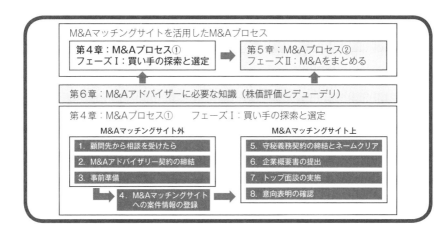

1 顧問先から相談を受けたら：経営者の背中を押しましょう！

【事例】

　愛知県で税務会計を中心に業務を展開している豊臣会計事務所（以下，「豊臣会計」といいます）に勤務する税理士石田清正（以下，「石田税理士」といいます）は，自分が担当する株式会社オワリ機器（以下，「オワリ機器」といいます）の代表取締役である名古屋太郎（以下，「名古屋社長」といいます）から「事業承継」について相談があるとの連絡を受け，翌日急遽オワリ機器へお邪魔することになった。

　オワリ機器は1953年（昭和28年）4月に創業した空調機器の部品の製造を行っている会社である。現社長の名古屋社長（64歳）は2代目である。豊臣会計は名古屋社長が社長に就任して以来税務申告業務を受けており，石田税理士は担当して10年目になる。

　石田税理士が，早速名古屋社長に会うと，正月に家族が集まった時，息子2人に改めて会社を継ぐ意思がないのか確認したところ，2人から継ぐ意思はないと言われたということだった。たしか名古屋社長には，3人の子供（男2人，女1人）がいるが，息子2人はともに一部上場企業に勤めており，娘はすでに結婚し他家へ嫁いでいると聞いていた。

　名古屋社長としては，社員が9名もいることに加え，自分も今年で65歳になることを考えると，そろそろ真剣に会社の承継について考えなければならないと思い始めているということであった。このような中，日頃からいろいろ相談してきた石田税理士に思い切って事業承継について相談してみようと思い，連絡をくれたということだった。

⑴　親族外承継の社会的意義とメリットを伝え，背中を押しましょう

　会計事務所の皆さんの顧問先の中にも，似たような会社があるのではないでしょうか？　子供がいたとしても会社を継ぐ意思がなく，社内に奥様以外の親族がいないような会社は比較的多いと思います。社長は，一縷の望みをもって子供が継いでくれるのではないかと思われているようですが，近頃の若者は安定を求める傾向にあるので，小規模になればなるほど，次の担い手が見つかりません。

　このような顧問先から事業承継の相談をされた場合，皆さんはどのように対応していますか？　もしかしたら，「事業承継については詳しくないので」とか「大手M&A仲介会社を紹介しますよ」という対応していませんか？

　経営者は，周りとの付き合いからいろいろな情報を入手しています。また，最近では新聞やインターネットでも事業承継のことが話題になっているため，M&Aという方法でしか会社が承継できないということは薄々ながら理解していると思います。しかし，「M&A＝会社を売却＝会社を見捨てた」と周りが見るのではないかという不安があり，「M&Aをしたい」という本音を言い出せず，思い切って顧問税理士に相談をしてくるのではないかと思います。

　では，どうすればいいのでしょうか？

　私は，親族に後継者がいない今回のような場合には，名古屋社長へ残された道は「親族外承継」か「清算・廃業」しかないことを冷静にお伝えし，親族外承継を行うことの「社会的意義」と「メリット」を伝えるようにしています。この2つの説明を行うことで，「会社を清算するより，M&Aで会社を売却したほうが素晴らしいことなんだ」と思ってもらうことが大切だと考えています。このように発想の転換をしていただくことで，名古屋社長がM&Aを進めていくための背中を押すことが，相談への一番の対応になるのだと考えています。

⑵　M&Aを行うことの社会的意義とは

　会社を清算・廃業してしまうと，これまで支えてきたもらった人たちに多大

なる迷惑をかけることとなります。仮に迷惑をかけずに清算・廃業しようとすると，おそらくM&Aと同じくらい，もしくはそれ以上のエネルギーを要することとなります。

　このケースの場合，空調機器メーカーはオワリ機器から部品の供給をしてもらっています。そのような状況で部品の供給が止まってしまうと，メーカーとしては生産計画などに大きな影響が出てきます。仮に別の会社への発注ができる環境であったとしても，引継ぎなどには一定の時間がかかることが想定されます。このように清算・廃業は，長年取引してきた会社に迷惑をかけることとなります。

　このほか，オワリ機器は，清算・廃業により社員9名を解雇しなければなりません。昨今は転職がしやすい環境といわれていますが，それは比較的若い世代だけの話であり，年配の社員の転職はやはり難しいのが現状です。

　さらに，長年培ってきたオワリ機器の技術やノウハウが清算・廃業により一瞬にして失われてしまうこととなります。これは日本経済にとって多大なる損失であり，仮に同じ技術やノウハウを再度構築しようとすると，時間とコストが膨大にかかってしまうこととなります。

　「このように多大なる迷惑をかけることとなる清算・廃業ではなく，取引先との関係も継続でき，社員の雇用も守ることができて，技術・ノウハウも引き継ぐことができる親族外承継こそ，経営者が下すべき最後の経営判断です」と，M&Aは社会的意義がある決断なのだということを説明して，社長の背中を押してあげてください。

　それでも悩んでいる経営者がいる場合には，最後の手段です。次のクロージングワードを社長にぶつけてみてください。

　「とりあえず1年間，引継先を探してみませんか？　清算・廃業を決めるのは相手が見つからなかった場合でも遅くありませんよ」

　特に，自分の会社を引き継いでくれる会社なんかないんじゃないかと不安を持っている経営者には，背中を押す一言になると思います。悩んでいる経営者がいれば，最後の一押しでぜひこの言葉を伝えてみてください。

⑶　M&Aを行うことのメリットとは

　M&Aを行うことによるメリット，それは，経営者（実際は株主）に入って
くる手取額が，清算・廃業よりも大きい点です。

　清算・廃業の場合，最終的に株主へ還元されるのは，清算配当金です。清算
配当金には2つのデメリットがあります。1つは，実態の純資産に比べ，清算
手続後の換金価値は必ず低くなる点です。清算配当を行うためには，基本的に
会社の資産をすべて現金化することとなります。しかし，その現金化の過程で，
建物の取り壊し費用や追加の退職金の支払などのコストがかかるため，どうし
ても実態の純資産の価値に比べ，現金化される金額は小さくなってしまいます。
もう1つは，清算配当であるため，所得税の累進課税の影響を受ける点です。
規模が小さければ，大きな問題にはなりませんが，仮に清算配当が4,000万円
以上にもなると，住民税と合わせれば50%や55%といった非常に高い税率で課
税されてしまう可能性もあります。

　一方，M&Aの場合は，少なくとも実態純資産価額以上が売買価額となるこ
とが一般的ですし，税率も金額にかかわらず20.315%と固定されます。

　このように，税金考慮前の評価金額が高く（清算配当金額＜M&A売買価額），
税率は低い（累進課税＞20.315%の固定）となれば，必然的に手取額はM&A
のほうが多くなるはずです。

　前述の社会的意義を説明しても悩んでいるような経営者に対しては，清算時
とM&A時の手取額のシミュレーションなどを行って，手取額がどの程度違う
のかを金額として示してあげることも背中を押す材料となると思います。

【図表4-1】シミュレーションの手順

	ステップ①	ステップ②	ステップ③	ステップ④	廃業・清算の場合の手残り資金
清算・廃業	清算純資産の試算	みなし配当金額の試算	みなし配当に対する税金の試算	清算配当による手残り資金の試算	∧ ∧ ∧ 通常，どの会社もこの式が成り立つはず。
M&A	見込譲渡金額（価値評価）の試算	株式譲渡益の試算	株式譲渡益に対する税金の試算	株式譲渡による手残り資金の試算	M&Aの場合の手残り資金

（注）実際にシミュレーションを行うためには，清算純資産の試算やM&Aにおける株価の評価を行う必要があります。清算純資産の計算方法については，本書では詳しく説明しませんが，再生をテーマとした書籍にはどのように計算するのかが解説されていますので，そちらを参考にしてください。また，株価については，「第6章 売買価格の決め方」で，M&Aにおける株価の評価方法等を詳しく説明していますので，そちらを参考にしてください。

2 M&Aアドバイザリー業務を行う前に：M&Aアドバイザリー契約を締結しよう！

　オワリ機器の名古屋社長から事業承継の相談を受け，M&Aの社会的意義とメリットについて説明した結果，「すべて石田先生に任せるよ。ぜひ，M&Aのサポートをお願いします」と依頼されました。

　いよいよここからが，M&Aアドバイザーとしての仕事となります。

　「早速M&Aマッチングサイトへ案件を登録して，買い手を見つけよう！」

　待ってください。M&Aマッチングサイトで買い手を見つける前に，やらなければならないことがあります。それは，「M&Aの流れや進め方の説明」と「M&Aアドバイザリー契約の締結」です。これをやらずにM&Aアドバイザリー業務を行うことは，われわれ会計事務所のリスクとなりますので，気をつけてください。

(1)　M&Aの流れや進め方を説明しましょう

①　流れを示し，不安を和らげる

　まず初めに，M&Aがどのように進むのかを名古屋社長に説明しましょう。

　日本では，会社を売却する経営者のほとんどが初めてM&Aを経験することとなります。そのため，経営者はどのようにM&Aが進んでいくのか不安で仕方ありません。その不安を少しでも和らげることもM&Aアドバイザーの仕事だと思います。M&Aの流れについては，「第2章　M&Aの基礎知識」で説明した一般的なもので構いません。わかりやすく，かいつまんで説明することが大切です。この時点であまり不安を煽るようなことは言わず，「M&Aの過程ではすべてサポートさせていただきますので，安心してください」と経営者へ伝えてください。

②　M&Aマッチングサイト利用の了承をとる

次に，M&Aマッチングサイトを利用して買い手候補先を探すことを説明して，了承を得てください。

小規模のM&Aの場合，スピーディーに，かつ，低報酬で実施していくためには，M&Aマッチングサイトで買い手候補先を探すことが絶対条件となります。仮に，M&Aマッチングサイトを使わずに買い手候補先を探してほしいという要望があった場合，低報酬でM&Aアドバイザリー業務を引き受けてしまうと，会計事務所側が負担を負うこととなります。そのためにも，M&Aマッチングサイトを見せながら，そのメリットを説明したうえで，事前に利用することの了承を得ていくことが大切となります。

③　買い手が見つからない可能性も伝える

最後に，絶対に希望通りの買い手先が見つかるわけではないことを説明してください。

M&Aは必ず成立するものとは限りません。ご縁ということもありますし，当然売り手側の状況や提示する条件，経済状況によって，買い手が見つからないこともありえます。それは，M&Aマッチングサイトを利用した場合でも同じことです。過度に期待を持たせるのではなく，親族外での承継であるM&Aに取り組んだとしても，良いご縁が得られない場合もあることを事前に経営者に伝えておくことが重要となります。なお，このM&Aの流れと進め方の説明は，前のステップである「1　顧問先から相談を受けたら：経営者の背中を押しましょう！」の中で行うのもよいでしょう。

(2)　M&Aアドバイザリー契約を理解しよう

石田税理士は，名古屋社長へM&Aの流れとM&Aマッチングサイトを利用してM&Aを進めていくことを説明し，名古屋社長の了承を得たので，次に「M&Aアドバイザリー契約」の締結に移ります。両者協議の上，最終的に作成し，取り交わしたM&Aアドバイザリー契約書は図表4－2のとおりです。

【図表４－２】M&Aアドバイザリー契約書の例

M&Aアドバイザリー契約書

　株式会社オワリ機器（以下「甲」という。），名古屋太郎（以下「乙」という。以下，甲乙を総称して「甲ら」という。）と豊臣会計事務所（以下「丙」という。）は次のとおり契約（以下「本契約」という。）を締結する。

（契約の目的）
第１条　甲らは丙に対し，甲の株式等社員権の譲渡，営業譲渡，合併，株式交換，分割等の企業の資本又は事業の提携（以下「本件提携」という。）の候補企業（以下「候補企業」という。）の探索，本件提携の実行に関し，M&Aアドバイザリー業務（以下「本件業務」という。）を行うことを委託し，丙はこれを受託する。

（業務の範囲）
第２条　本契約において，丙が甲らのために行う本件業務とは，本契約添付の別紙（以下「別紙」という。）の「本件業務範囲」に記載される事項をいう。なお，本件業務範囲は，甲乙丙双方の協議・同意の上，書面（電子メール等を含む。）により変更できるものとする。

（業務報酬及びその支払方法）
第３条　甲ら及び丙は，本件業務に対する業務報酬，消費税及び地方消費税（以下「消費税等」という。）並びにその支払時期については，別紙「業務報酬等及びその支払時期」に定めるとおりとする。なお，本件業務の実施に関連して必要となる付帯経費（旅費交通費，出張，帝国データバンク等の情報機関からの資料入手費用等）は，甲らの承認を得た範囲内で，丙は甲らに請求できるものとする。

（期間後の成立）
第４条　本契約の有効期限満了後２年以内に，丙が斡旋した候補企業との企業提携が，第三者の関与による場合も含め，成立した場合には，本契約に基づく丙のアドバイザーとしての業務の成果により当該契約が成立したものとみなし，丙は第３条の報酬のうち未請求部分について請求できるものとする。

（再委託及び専門家への依頼）
第５条　丙は，本件業務の一部を第三者に再委託する場合には，甲らから事前の了承を得るものとする。
２　丙は，本件業務を遂行するために，弁護士，公認会計士，税理士，不動産鑑定士その他の専門家の協力を得る必要があるときは，甲らに対し事前説明の上，丙が直接に依頼（委任又は再委託）できるものとする。なお，当該依頼により弁護士費用等専門家に対する報酬が発生する場合には，実費にて甲らが負担するものとする。

（秘密保持）

第6条　甲らと丙は，本契約に基づき相手方から開示された本件提携に関する情報・資料及びその複製物，情報・資料を基に作成した資料（以下総称して「情報等」という。）については厳に機密を保持し，相手方の事前の承諾なくしては一切第三者に開示，漏洩してはならないものとする。

　　但し，以下各号のいずれかに該当するものについてはこの限りではない。

一　相手方から開示された時点で既に公知となっているもの

二　相手方から開示された後，開示を受けた当事者の責によらず公知となったもの

三　相手方から開示された時点で既に開示を受けた当事者が保有していたもので，その旨を遅滞なく相手方に通知したもの

四　法令に基づき正当な権限を有する公的機関から開示要求されたもの

2　前項の第三者とは，甲らと丙が，本件提携に関する業務を遂行する上で必要且つ最小限の範囲の役員・従業員，弁護士，公認会計士その他の顧問（以下「役員等」という。）以外の者をいう。

　　なお，丙は，本契約の目的の範囲内で丙と秘密保持契約を含む提携関係を有する企業提携仲介者には開示できるものとし，この仲介者が金融機関（以下本条において「直接提携金融機関」という。）である場合には，直接提携金融機関が別に秘密保持契約を含む提携関係を有する企業提携仲介者に情報等を開示できるものとする。

3　甲らと丙は，その役員等に対し本契約の内容を遵守させることについての一切の責任を負う。

4　甲らと丙は，相互に開示された情報等を本件提携の目的以外の目的をもって自己又は第三者の利益のために利用してはならないものとする。

（専任依頼）

第7条　甲らは，本件業務又は本件業務と効果を同じくする業務について丙以外の者に対して重ねて依頼してはならないものとする。

2　甲らは，自ら探索した本件提携の候補企業がある場合には，丙に開示し，丙と本件提携の成立に向けて協力するものとする。なお，この場合にも乙は，丙に対して第3条の成功報酬を支払うものとする。

（直接交渉禁止）

第8条　甲らは，丙の事前の承諾なく本件提携の推進を目的として，直接，候補先及びその関係者に接触し又は交渉してはならない。

（契約違反）

第9条　甲ら又は丙が，本契約の何れかの条項に違反したときは，甲ら又は丙はその相手方に対し，違反行為の治癒又は違反行為の原因内容の開示，再発防止策の提示等，必要な措置を取るべきことを請求することができる。

2　甲ら及び丙は，相手方が次の各号の一に該当したときは，何らの通知・催告を要せず，直ちに本契約を解除することができる。

一　第三者より差押，仮差押，仮処分，競売，その他強制執行の申立を受けたとき
二　破産，特別清算，特定調停，民事再生，又は会社更生手続の開始の申立を受け，若しくは自らこれらの申立を行ったとき又は清算手続に入ったとき
三　公租公課を滞納し督促を受けたとき，又は保全差押その他滞納処分を受けたとき
四　振出，引受，裏書，又は保証にかかる手形・小切手が不渡りとなり，又は支払停止若しくは支払不能の状態となったとき
五　監督官庁から営業停止又は営業取消等の処分を受けたとき
六　財産状態が著しく悪化し又は事業に重大な変化が生じ，本契約に基づく債務の履行が困難になったとき，又は，そのおそれがあると認めるに足りる相当の理由があるとき
3　本契約が解除された場合でも，甲らは，丙に対して，既に発生した成功報酬及び実費等の支払義務は免れないものとし，また，甲らが丙に対して支払済みの成功報酬及び実費等は返金されないものとする。

（免責及び補償並びに損害賠償の予定）
第10条　甲らは，本件業務の遂行により，甲らの希望する経営・経済上の結果の実現又は目的の達成を，丙が保証するものではなく，その成否に関しては自己の責任に帰するものであることを理解しており，丙及びその直接又は間接に関与した企業提携者（以下本条において「被免責者」と称する。）は，甲らが被免責者のなした業務の結果被った損失その他甲らがなした判断により生じた結果に関して，一切責任を負わないものとする。但し，甲らの被った損害が被免責者の故意又は重過失を主たる原因として生じたものである旨裁判所が最終的に判断した場合には，この限りでない。
2　甲らは，被免責者が，第三者から損害又は費用の請求（以下「損害等」という。）を受けた場合には，これについて補償し，かかる第三者からの責任追及が被免責者に及ばないようにすることを約する。但し，当該損害等が，被免責者の故意又は重過失を主たる原因としたものである旨裁判所が最終的に判断した場合には，この限りでない。
3　前項に規定する損害等には，被免責者が補償を求めることのできる事項に関わる調査・準備・防御に関して支出する合理的な額の弁護士費用等を含むものとする。
4　本件業務について，本条第1項但書その他の事由により被免責者が甲らに対し負担すべき損害賠償額は，被免責者が受領すべき成功報酬額（現実に受領した額がこれを下回るときはその受領額）を上限とする。
5　本条の法律関係は本契約が解除その他の理由により消滅した場合もその効力を失わない。

（有効期間）
第11条　本契約の有効期間は本契約締結日より1年間とし，有効期間満了の1ヶ月前までに甲又は丙の何れかから更新しない旨の申出がない場合には更に1年間延長するものとし，以後も同様とする。なお，有効期間満了時に本件提携の交渉が継続中の場合は，当該交渉が終了するまで本契約を延長することができるものとする。

2　前項により本契約が終了した場合といえども，本契約第4条，第6条及び第8条で
定める義務は，終了後2年間は存続するものとする。

（反社会的勢力排除に係る表明及び保証）

第12条　本条において用いられる用語は，次の意味を有する。

一　「反社会的勢力」とは，暴力，威力や詐欺的手法を駆使して経済的利益を追求する
集団又は個人をいい，暴力団，暴力団関係企業，総会屋その他暴力的な要求行為や，
法的な責任を超えた不当な要求を行う集団又は個人を含むものとする。

二　「特別利害関係者」とは，以下の者をいう。

イ　会社の役員（役員持株会を含む。）

ロ　役員の配偶者及び二親等内の血族（以下イ，ロを総称して「役員等」という。）

ハ　役員等により発行済株式総数の過半数を所有されている会社

ニ　会社の関係会社及びその役員

2　甲らは，本契約締結時及び本契約の有効期間内において以下の事項を表明し，保証
する。

一　甲らの特別利害関係者について，（イ）反社会的勢力又は反社会的勢力の構成員が
含まれていないこと，（ロ）資金提供その他の行為を行うことを通じて反社会的勢力
の維持，運営に協力又は関与していないこと，（ハ）意図して反社会的勢力と交流を
もっていないこと。

二　甲らが把握している限り，甲の主な株主及び取引先について，（イ）反社会的勢力
又は反社会的勢力の構成員が含まれていないこと，（ロ）資金提供その他の行為を行
うことを通じて反社会的勢力の維持，運営に協力又は関与していないこと，（ハ）意
図して反社会的勢力と交流をもっていないこと。

三　その他前各号を合理的に根拠づける事実関係がないこと。

3　丙は，本契約締結時及び本契約の有効期間内において以下の事項を表明し，保証する。

一　丙の特別利害関係者について，（イ）反社会的勢力又は反社会的勢力の構成員が含
まれていないこと，（ロ）資金提供その他の行為を行うことを通じて反社会的勢力の
維持，運営に協力又は関与していないこと，（ハ）意図して反社会的勢力と交流を
もっていないこと。

二　丙が把握している限り，丙の主な株主及び取引先について，（イ）反社会的勢力又
は反社会的勢力の構成員が含まれていないこと，（ロ）資金提供その他の行為を行う
ことを通じて反社会的勢力の維持，運営に協力又は関与していないこと，（ハ）意図
して反社会的勢力と交流をもっていないこと。

三　その他前各号を合理的に根拠づける事実関係がないこと。

（協議事項）

第13条　本契約に定めなき事項又は本契約の記載内容に疑義が生じた場合は，当事者全
員が誠意をもって協議決定するものとする。

（以下余白）

　本契約締結の証として，本書2通を作成し甲乙丙が記名捺印の上，乙と丙がそれぞれ1通を保有し，甲はその写しを保有する。

令和○年○月○日

甲：	所在地	愛知県名古屋市○○区○○丁目○○番○号
	商号	株 式 会 社　オ ワ リ 機 器
	代表者氏名印	代表取締役社長　　名 古 屋　　太　　　郎
乙：	所在地	愛知県○○市○○町○○丁目○○番○号
		○○マンション○○号
	氏名印	名 古 屋　　太　　　郎
丙：	所在地	愛知県名古屋市○○区○○丁目○○番○号○○
		ビル○号
	屋号	豊 臣 会 計 事 務 所
	代表者氏名印	代表税理士　　石 　田 　清　　正

74

【別紙】
　丙は，甲らの委託に基づき，以下の項目及び手続（以下合わせて「本件業務範囲」という。）に従い，甲らに対し本件口頭助言を提供し，又は分析等の結果について重要な事項を報告することにより，本件業務を実施する。なお，以下の本件業務範囲は現状予定されているものであり，本件提携対象先が見つからない場合には業務提供ができない場合があることに留意されたい。また，本件業務は本件提携の実行を保証するものではないことに留意されたい。

本件業務範囲（M&Aアドバイザリー業務）

　丙が甲らより受託するM&Aアドバイザリー業務としては，以下の内容が想定される。
1　本件提携に必要な甲の資料の収集及び作成のサポート
2　候補企業の探索及び候補先に対する情報提供
3　M&A候補先の選定に関する助言（助言とは，「助言及び指導」を意味する。以下同じ。）
4　本件取引スキームの検討に関する助言
5　その他上記に付随する一切の助言。但し，当該助言は甲らの明示の照会に応じて丙が本契約において可能とされている範囲で行われるものとする。

業務報酬等及びその支払時期

1　業務報酬（消費税等別途）
　①　基本合意時報酬：金1,500千円
　②　最終契約時報酬：甲らと本件提携対象候補先との間で最終契約締結時における報酬については，次頁の「別途報酬表」に基づき支払うものとする。なお，基本合意時報酬は当該最終契約時報酬に含まれるものとする。
2　支払方法
　①　基本合意時報酬：
　　乙は，本件提携対象候補先との間で基本合意（意向表明含む。）の締結後，丙から請求書を受領した日の1週間以内に，請求された当該報酬の全額を丙指定の銀行口座への振込により支払う。なお，本M&Aアドバイザリー業務の提供の結果，最終的にM&Aが成立に至らず，本契約が終了した場合であっても，その理由の如何を問わず，当該報酬の減額，返還はしないものとする。
　②　最終契約時報酬：
　　丙は，乙が本件提携先より譲渡代金を受け取った後，速やかに乙に請求書を発行し，乙は受領後3日以内に，請求された当該報酬の全額を丙指定の銀行口座への振込により支払う。
3　立替経費とその支払方法
　甲は，本別紙に規定される業務報酬とは別に，丙の本件業務の実施に関連して必要となる実費（旅費交通費，帝国データバンク等の情報機関からの資料入手費用等）を負担する。
　丙がかかる実費を立替払いした場合，2支払方法②最終契約時報酬と同時に，請求された当該実費の全額を丙指定の銀行口座への振込により支払う。

【別途報酬表】

売買価格等*	手数料金額等（消費税等別）
最低金額	3,000千円
3,000万円以下の部分	10％
3,000万円超5,000万円以下の部分	8％
5,000万円超1億円以下の部分	6％
1億円超3億円以下の部分	4％
3億円超の部分	2％

＊：売買価格等とは，実際に合意した譲渡価額に譲渡時点での金融機関等への借入債務，譲渡とともに別途売却した資産の譲渡価額の合計金額のことを指す。また，役員退職金を支給する場合には，上記売買価格等に当該役員退職金を加味した金額とする。

計算例）売買価格等の金額が120,000,000円の場合

報酬総額＝30,000,000×10％＋（50,000,000−30,000,000）×8％＋（100,000,000−50,000,000）×6％＋（120,000,000−100,000,000）×4％＝8,400,000円

　この「M&Aアドバイザリー契約書」は，請負契約ではなく，業務委託契約となります。会計事務所でも行うようなコンサルティング業務を引き受ける際の契約と基本的な形は同じと理解していただいて結構です。

　ただし，M&Aアドバイザーという特性から設けられた特別な条項がいくつかありますので，説明したいと思います。経営者に契約書の説明を行う際には，なぜこのような条項が付されているのか説明できるようにしておいてください。

① **第4条：期間後の成立**

　売り手（および買い手）が成功報酬の支払を避けることを防ぐため，M&Aアドバイザーが紹介した相手先との間で契約終了後一定期間内にM&Aが成立した場合には，M&Aアドバイザーの紹介によって成立したとみなして報酬を請求できるものとした条項です。われわれM&Aアドバイザーを守るための条項となります。

　顧問先に対して売り手側のM&Aアドバイザリー業務を行う場合は，そもそも信頼関係が強いため，このようなことを顧問先が行う可能性は低いですが，

M&Aアドバイザリー契約書では一般的に入っている条項となりますので，入れておくことをお勧めします。

②　第7条：専任依頼

　売り手である顧問先が他のM&Aアドバイザーへ同様の依頼を行うことを禁止・制限する条項となります。

　M&Aは成立までに一定期間がかかるとともに，報酬の大部分が成立時の成功報酬となる関係から，専任依頼をもらうことが報酬を確実に獲得するための保険ともいえます。また，買い手候補先から交渉相手として信頼され，かつ，安心してM&Aを検討してもらうためにも，専任依頼の条項を入れておく必要があります。仮に，専任依頼が得られない場合には，M&Aアドバイザーへの就任を断ることも念頭に置く必要があると考えます。専任依頼が得られるということは，それだけ顧問先から信頼が得られているという裏返しにもなります。

③　第8条：直接交渉禁止

　条項のとおり，売り手が買い手候補先と直接連絡や交渉を行うことを禁止するものです。

　M&Aのトラブルの原因の1つに，経営者による直接交渉があります。M&Aでは価格をはじめとして非常にシビアな交渉等が行われることがありますが，直接交渉すると思わず感情的になるケースが発生し，場合によってはM&Aがブレイク（決裂）することがあります。

　また，M&Aアドバイザーの業務の1つに，M&Aの交渉窓口となり，情報の一元化を図る役割があります。交渉窓口を1つに絞るためにもこの条項を入れるとともに，顧問先の経営者へは直接交渉を行わないように事前に説明することが，M&Aをスムーズに進める秘訣となります。

⑶　M&Aアドバイザリー業務の報酬

　M&Aアドバイザリー契約書の説明の中で，最も重要となるのが「報酬」で

す。先ほどのオワリ機器および名古屋社長との間で取り交わした契約書の中では，第3条と別紙の部分に記載がなされています。どの業務であっても一緒ですが，報酬を「いつもらうのか（時期）」と「どのくらいもらうのか（金額）」を決めておく必要があります。ただし，M&A業界特有の考え方がこの報酬に色濃く反映されているため，少し説明したいと思います。

①　いつもらうのか（時期）

　M&Aアドバイザリー業務は，税務申告業務やコンサルティング業務とは異なり，業務の完了＝M&Aの成立となります。しかしながら，M&Aは必ず成立するものとは限りません。そのため，報酬も「M&Aが成立したら少し高くても支払いますよ」という考えが業界的にあり，成功報酬型の体系となっているというのが特徴といえます。では，どのようなタイミングで報酬をもらうケースがあるのでしょうか。

　M&Aアドバイザリー業務に係る報酬は，図表4－3のように大きく分けて「着手時」「月次」「中間」「最終」の4つの時期が考えられます。

【図表4－3】アドバイザリー報酬を受け取るタイミング

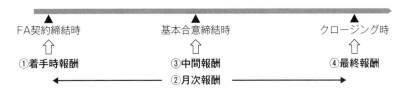

(i)　着手時報酬

　売り手との間でM&Aアドバイザリー契約を締結した時点で受け取る報酬のことをいいます。M&Aに関する情報提供や売却価格の試算などの名目で受け取る報酬です。なお，この着手時報酬はM&Aの成立にかかわらず，返金をしない報酬ですので，契約書にはその旨の記載が必要となります。

　売却案件を獲得するために，この着手時報酬をゼロとしているM&Aアドバ

イザリー会社もあります。会計事務所としても，顧問先が売り手である場合には，経営者に親族外承継であるM&Aを少しでも検討してもらいやすくするために，着手金をとらずに実施することも検討してみてください。

(ii) 月次報酬

M&Aアドバイザリー契約を締結してからM&Aの成立まで毎月一定額の報酬を受け取るものです。しかし，一般的なM&Aアドバイザリー業務を行っている会社では，売り手に対して，月次で報酬を請求することは非常に稀であると思います。

(iii) 中間報酬（基本合意時報酬）

基本合意締結などを業務の一旦の区切りとして中間的に報酬を受け取るものです。M&Aでは，買い手候補先を見つけてくることがM&Aアドバイザーの大きな業務の1つとなります。買い手候補を1社に絞り，本格的にM&Aを検討する段階で「M&Aの第一段階が成功した」ということで一定金額の報酬を請求しているものです。

加えて，この時点で中間報酬を請求することで，婚約に当たる基本合意を安易に結ぶことを心理的に抑制する効果もあります。なお，請求金額はまちまちですが，最終報酬額の15％から20％程度が目安になるかと思います。

(iv) 最終報酬（最終契約時報酬）

M&A成立時に受け取る報酬です。M&Aは成立して初めて売り手である顧問先の経営者にお金が入ってくることとなるため，この最終報酬のウエイトが大きくなります。(iii)の中間報酬を受け取る場合には，その額を差し引いた金額を最終報酬として受け取ることが一般的と思われます。

*

豊臣会計事務所では，これまで長年オワリ機器の税務顧問をしてきたことに加え，M&A検討中，税務顧問報酬が継続することから，着手時報酬と月次報酬は受け取らず，中間報酬と最終報酬の2段階で報酬をいただく契約としました。名古屋社長も，M&Aが本当に成立するかわからない中で着手時報酬などがかからないことを聞き，安心されたようです。

②　どのくらいもらうのか（金額）

(i)　レーマン方式

　M&Aの報酬の決め方については，M&A業界で昔から存在する「レーマン方式」といわれる価格表があります。一般的なM&Aアドバイザリー業務を行う会社などはこの表をそのまま使っているケースがほとんどだと思われます。

　しかし，図表4-4の金額を見てもらえばわかると思いますが，とても小規模のM&Aに適した金額設定にはなっていません。会計事務所が携わる中小企業のM&Aの大部分は「5億円以下」で，あまり意味のない料金表になってしまうおそれがあります。また，M&Aアドバイザリー業務を行う多くの会社が10,000千円から25,000千円と非常に高額の最低報酬を設定していますが，この最低報酬の水準でさえも，小規模のM&Aを行ううえでは顧問先に受け入れてもらえない可能性があります。

【図表4-4】一般的な報酬表（レーマン方式）

区　分	報酬レート
最低報酬	10,000千円～25,000千円
5億円以下の部分	譲渡価格等の金額×5％
5億円超10億円以下の部分	譲渡価格等の金額×4％
10億円超50億円以下の部分	譲渡価格等の金額×3％
50億円超100億円以下の部分	譲渡価格等の金額×2％
100億円超の部分	譲渡価格等の金額×1％

　M&Aマッチングサイトの活用を前提としたM&Aアドバイザリー業務であれば，買い手候補先の探索と選定が通常に比べ非常にスピーディーに，かつ，効率的に進むことが想定されます。そのため，M&Aマッチングサイトの活用を前提とすることで一定程度報酬の引下げは可能だと考えられます。裏を返せば，M&Aマッチングサイトの活用を前提としない場合には，会計事務所とはいえ，一般的なM&Aアドバイザリー会社と同等の報酬水準にせざるを得ないともいえます。この点も含めて顧問先には説明をしておく必要があると思います。

(ⅱ) **料率に乗じる「売買価格等」とは**

　レーマン方式では，各売買価格等の金額に対して乗じるべき「レート」が区分ごとに設定されています。では，この「売買価格等」とはどのような金額のことをいうのでしょうか。

　実はこの「売買価格等」については，各M&Aアドバイザリー会社で異なります。大手M&A仲介会社であっても，売却対象会社の「時価総資産額（営業権を含む）」や「株式売却金額」などそれぞれ異なります。どれをとるのかはM&Aアドバイザリー業務を行う会社次第ですが，事業承継型の小規模のM&Aの場合は，「企業価値総額」がふさわしいと考えています。

　この企業価値総額とは，図表4－5のように株式の譲渡代金（役員退職金を含む）に，売却した会社が有する金融機関からの借入金額を加えたものです。

【図表4－5】企業価値総額の考え方

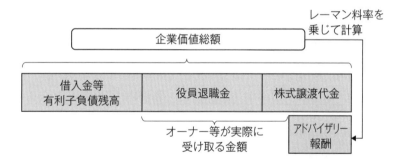

　なぜ，この企業価値総額がいいかというと，株式譲渡代金がゼロ円もしくは限りなくゼロに近いような案件であってもM&Aアドバイザリー業務を引き受けることができるためです。

　顧問先の中には，一定の年齢になってリタイアしたくとも，会社に金融機関からの借入金が存在し，経営者自らその連帯保証をしているため，やめることができない経営者がいるのではないでしょうか。このような場合，「金融機関の連帯保証が外れるのであれば，株式の譲渡はゼロ円でも構わない」と考える

経営者もいるはずです。

　しかし，M&Aアドバイザリー業務の報酬の算定基礎が，「株式譲渡代金」となっていた場合，会社の規模に関係なく，最低報酬しかもらえないこととなります。これでは，このような経営者をM&Aによって救ってあげたくとも業務を引き受けることができなくなります。

　そこで，計算の中に，借入金額を加算することで，貢献度合いにあった報酬をもらえるようになれば，会計事務所としてもM&Aアドバイザリー業務を引き受けることができるはずです。できうる限り事業承継で悩んでいる顧問先をM&Aによって救えるようにするためにも，M&Aアドバイザリー業務の報酬は，企業価値総額をもとに計算することをお勧めします。

(iii)　固定報酬

　M&Aの実務では，レーマン方式による報酬体系が一般的ですが，顧問先の事業承継を考えた場合，あらかじめ固定報酬としておくことも1つの方法です。売り手のM&Aアドバイザーの場合，レーマン方式は売り手との利害が一致するため，妥当な考え方といえますが，自らの報酬が譲渡価格に連動するため，事業承継という大きな目的を忘れ，価格を上げようと必死になり，最終的に交渉決裂となってしまう場合が考えられます。

　顧問先の事業承継を第一に考えるのであれば，譲渡価格に左右されない固定報酬を決めておくことも1つの方法といえます。なお，固定報酬の設定にあたっては，譲渡希望金額をもとにレーマン方式で算定した金額とするなどが考えられます。

＊

　豊臣会計事務所では，M&Aマッチングサイトの活用を前提とした小規模のM&Aにも対応できるレーマン方式を独自に作成することとしました。売却金額が数千万円程度となるような顧問先であったとしても，M&Aアドバイザリー業務が引き受けられるようにするため，最低報酬額は3,000千円に設定しました。オワリ機器および名古屋社長とのM&Aアドバイザリー契約書にもこの料金表を載せることとしました。

3 M&Aマッチングサイト登録の前に：事前準備を必ずしよう！

　オワリ機器および名古屋社長と「M&Aアドバイザリー契約」を締結しました。豊臣会計事務所はこの時点から晴れて「M&Aアドバイザー」として業務を行うこととなります。

　しかし，「M&Aマッチングサイトへ案件登録を……」はまだ早いです。契約後まず初めに何をするのかというと，「事前準備」，つまり，今後のM&Aを進めるうえで必要となる情報の収集・分析とM&Aの条件や方針に関する名古屋社長との打ち合わせです。

　M&Aマッチングサイトは，案件をプラットフォーム上で開示したらすぐに，交渉相手である買い手候補先とスムーズかつスピーディーに交渉を進めることが求められます。したがって，この事前の準備などがM&Aの成否に大きな影響を与えることとなりますので，しっかり事前に準備をしたうえで次のステップである「M&Aマッチングサイトへの登録」に移りましょう。

　ここでは，M&Aマッチングサイトへの登録の前にあらかじめ準備すべき事項について説明したいと思います。

(1) 財務情報・基礎情報を収集しよう

　M&Aを進めるうえで，アドバイザーである会計事務所は，これまでとは少し違った視点でもう一度売り手である顧問先のことを理解する必要があります。また，今後買い手候補先とさまざまな交渉を行ううえで，売却金額をどの程度に設定すべきなのか，また，どのようなリスクがあるのかを事前に把握しておくことが大切です。

　では，どのような情報や資料をこの時点で入手しておく必要があるのでしょうか。

　実は，この時点で入手すべき情報や資料に決まりはありません。この時点で
入手すべきものとしては，M&Aアドバイザーとして「案件情報」と「企業概
要書」を作成するうえで必要な情報や資料があれば十分です。

　図表4-6は，私が日頃使っている「依頼資料リスト」です。事前準備段階
ではこれだけあれば十分です。会社の規模が小さければ，薄く色で塗りつぶし
た資料だけでも十分な場合もあります。各事務所でカスタマイズして利用して
いただければと思います。なお，依頼した資料の中には顧問先にないものもあ
るかと思います。顧問先にその資料があるかないかということも1つの情報と
なりますので，その事実を把握することも大切といえます。

　実は，この情報収集などについては，一般のM&Aアドバイザリー会社に比
べ，会計事務所はかなり有利な立場にあるといえます。依頼資料リストを見て
もわかるように，その大部分が日頃の会計処理や税務申告業務の中ですでに会
計事務所が収集済みの資料だからです。また，経営者だけでなく，経理の社員
とも顔なじみであることから，M&Aで利用するということを悟られることな
く，情報の収集ができる点でも有利といえます。スムーズに資料が収集できる
ということは，それだけM&Aを早く進捗させることにつながるのです。

(2)　売却希望金額の目線合わせをしましょう

　M&Aにおいて交渉すべき条件はさまざまありますが，その中で一番大きな
ものといえるのが，やはり「売却希望金額」です。そして，買い手候補先との
交渉にあたっても，この売却金額の目線というものは非常に重要な要素といえ
ますので，この時点で経営者と目線合わせをしておくことが非常に大切となり
ます。

　その一方で，「自分の会社は〇〇〇千円で売却する」と具体的な数字を出す
ことのできる経営者はほとんどいません。そのため，目線感の打ち合わせのた
めには，M&Aアドバイザーが，複数の株式価値評価手法を用いて株価を計算
する必要があります。その評価結果を用いて，経営者と売却金額の目線合わせ
をしていくこととなります。

【図表4－6】依頼資料リスト

注）以下の資料のうち，会社にないものは「ない」との回答を願います。また，ソフトデータがある場合にはソフトデータでの提出をお願いします。

区　分		NO	依頼資料内容	入手チェック
I.全般	会社概要	1	◇定款（最新）	
		2	◇全部事項証明書（法務局にて最新の情報入手）	
		3	◇会社案内，パンフレット，製品・サービス概要がわかるカタログなど	
		4	◇株主名簿（できれば過去から変遷がわかる名簿すべて）	
		5	◇免許，許認可，届出など	
		6	◇事業所，支店，店舗などの概要（名称，住所，従業員数など）	
II.事業	事業内容	1	◇売上高の内訳　直近3期分（得意先別，商品・製品別，部門別など管理している単位で）	
		2	◇仕入高の内訳　直近3期分（仕入先別，商品・製品別，部門別など管理している単位で）	
		3	◇外注費の内訳　直近3期分（外注先別，商品・製品別，部門別など管理している単位で）	
		4	◇部門別もしくは商品・製品別の損益資料（採算管理単位で）	
		5	◇進行期予算（予算売上，営業利益など）	
		6	◇中期事業計画（3年から5年程度。作成していれば）	
III.財務	決算書類	1	◇過去5期の決算書（BS，PL，SGA，CR，注記など）	
		2	◇過去3期の法人税，住民税，事業税，消費税の各種申告書	
		3	◇過去3期の勘定科目内訳明細書（法人税申告書添付のもの）	
		4	◇過去3期の固定資産台帳（減価償却台帳）	
		5	◇過去3期の総勘定元帳	
	月次資料	6	◇月次試算表（直近1年分と進行期の分を月次単位で）	
		7	◇過去3期分及び進行期の資金繰り表	
	各種資料	8	◇生命保険・倒産防止金の解約返戻金がわかる資料（保険会社より入手。できれば直近決算期末基準）	
		9	◇株式，ゴルフ会員権，他会員権の保有株数，口数がわかる資料（証券会社の取引残高明細書，会員権の現物のコピーなど）	
	不動産	10	◇保有不動産の登記簿謄本	
		11	◇保有不動産の公図とGoogleマップなどの所在地がわかる資料（会社だけでなく，オーナーからの賃借分も）	
		12	◇不動産賃貸借契約書一式	
IV.人事	従業員	1	◇従業員名簿（氏名，所属，役職，年齢，勤続年数，保有資格などの情報がわかる資料）	
		2	◇給与台帳（個人別及び全社合計。直近1年分（1月から12月分））	
		3	◇賞与台帳（個人別及び全社合計。直近1年分）	
	組織図	4	◇組織図（組織別の人員数がわかる資料）	
	関係規程	5	◇社内規程（就業規則，賃金給与規程，退職金規程，役員退職慰労金規程など）	
		6	◇退職金制度がある場合における直近決算時点での「退職金試算額」	
V.契約	契約関係	1	◇金融機関からの借入金一覧表（金融機関別，当初借入金額，直近期末残高，利率，保証・担保一覧）	
		2	◇借入金，リース取引の返済予定表	
		3	◇金銭消費貸借契約書	
		4	◇リース契約一覧及び各種リース契約書のコピー	
		5	◇主要取引先との間の取引契約書	
		6	◇株主間契約	
		7	◇許認可関係の資料一式	

　以下では，株価評価の結果をもとに，石田税理士がどのようなアドバイスを行ったのかを説明したいと思います。

①　評価シミュレーション

　石田税理士は，先ほどのステップで入手した資料をもとに株価の計算をしました。なお，売却金額の計算過程の詳細については，第6章の「4　石田税理士はどのように株価評価を行ったのか？」で説明していますので，ご参照ください。

　石田税理士が行った株価評価の計算結果は，以下のとおりです。

【各評価手法別の株価計算結果】

　修正簿価純資産法：61,500千円

　収益還元法：57,000千円～102,500千円

　年倍（買）法：76,900千円～86,000千円

（注1）収益還元法と年倍法の下限数値は直前決算期の利益数値を用いた場合
　　　であり，上限数値は過去3期の利益の平均値を用いた場合となります。

（注2）決算書等の数値をもとに簡単なセラーズ・デューデリジェンスを行っ
　　　た（実態純資産を把握した）結果を反映させています。

---

②　売却金額の目線合わせのためのアドバイス例

　このような株価評価の結果が出た場合，売却金額の目線合わせを名古屋社長とする上で，どのようなアドバイスを行えばいいでしょうか。

　まず，今回の評価結果のポイントをまとめてみました。

- 過去3期平均の利益を使った場合の評価は，収益還元法も年倍法も修正簿価純資産法を上回っている。
- 直近決算の利益を使った場合の評価は，過去3期の利益を使った場合の評価に比べ，低い評価結果となった。

> • 直近決算の利益を使った場合，収益還元法が修正簿価純資産法の評価結
>   果を下回る結果となった。

　経営者の年齢が60歳から70歳に差しかかった中小企業では，経営者の事業意欲の低下とともに，業績も下降線をたどり始めているというのは珍しい話ではありません。このような会社の場合，今回のオワリ機器のような評価結果となることが多いと思います。

　このようなオワリ機器の評価結果のポイントを踏まえ，石田税理士は，名古屋社長に以下のようなアドバイスを行いました。

> • 直近の利益が下降気味であるため，過去3期の平均数値を使った場合に
>   比べ，株式の額は低く評価されてしまう。また，直近の数値を使うと，
>   投資回収目線で評価する収益還元法の評価結果が修正簿価純資産法の結
>   果を下回っている。
> • 買い手は収益性の良くない事実をもとに，リスクヘッジのために修正簿
>   価純資産法での評価結果である61,500千円での買収を検討する可能性が
>   ある。ただし，その一方で，過去3期とも利益が出ていることを踏まえ
>   ると，修正簿価純資産法の評価結果を上回る価格を買い手が提示してく
>   る可能性は十分にありうる。
> • これらを総合的に判断し，譲渡金額目標を年倍法での評価76,900千円と
>   86,000千円の間である80,000千円と置き，買い手候補先への希望金額と
>   することをアドバイスした。

　これはあくまでもアドバイスの一例となります。非常に人気のある業界であれば，もう少し強気の売却金額の設定をアドバイスしてもいいですし，早期での引継ぎを希望するのであれば，逆にもう少し低めの金額設定を進めることも一案だと思います。

③　売却希望金額の目線は下げる

　事業承継を前提としたM&Aの場合，最も優先すべき目的は第三者へ会社を引き継いでもらって，継続的に会社を経営してもらうことのはずです。つまり，実際に売却ができて初めて事業承継が成功したといえます。そのためにも，この段階で売却希望金額の目線は下げておくことをお勧めします。

　理由の１つが，経営者に安売りしたのではと疑念を抱かせる可能性があるためです。先ほども述べたとおり，ほとんどの経営者が自分の会社の価値に対する目線感を持っていません。したがって，M&Aアドバイザーが出してきた評価結果やそのアドバイスに基づく売却希望金額が，「最後まで」自分の会社の価値であると認識しがちです。この段階で売却金額を高く設定してしまうと，その後の交渉により想定より低い価格で売却した場合，経営者から「安く売ったんじゃないか」と疑念を持たれる可能性があります。このようなことを避けるためにも，最初の段階で経営者の目線をできる限り下げておくことをお勧めします。

　もう１つの理由が，売却希望金額が高すぎると，買い手候補先の数が少なくなり，結果として売却ができない場合があるためです。M&Aマッチングサイトでは，買い手は案件情報を見て，交渉を持ちかけるかどうかを検討します。そのマッチングサイト上にある簡易の財務データの内容と売却希望金額との間に大きな隔たりがあれば，その時点でオファーをためらう可能性があります。できるだけ多くの会社に応募してもらうためにも，過度に売却希望金額を高額にすることは，結果として売却できないリスクを増やすだけとなりますので，留意してください。

　目線感を下げさせること＝安く売るつもり，と誤解される方もいるかもしれません。しかし，M&Aマッチングサイトを利用するということは，複数の買い手候補先と交渉することを意味します。会社に魅力があり，買い手候補先がどうしても買収したいということになれば，必然的に売却金額は上昇していくはずです。会社の事業承継を第一の目的に考えるのであれば，売却希望金額の目線は，合理的な範囲で低めで合わせておくことが望ましいと考えます。

(3)　M&Aの条件や方針などを事前に打ち合わせておきましょう

　M&Aアドバイザーの主要業務として，買い手候補先との交渉があります。この交渉は，依頼主である顧問先の経営者の意向に沿って進めていく必要があります。しかしながら，すべての内容について，逐一経営者に確認しながら進めていては，M&Aアドバイザーを会計事務所に依頼した意味が薄れてしまいます。

　スムーズな交渉を行ううえで，売却希望金額以外にも，M&Aにおける以下のような希望や条件，進め方については経営者に事前に確認しておくことが望ましいです。

- スキーム（株式譲渡なのか，事業譲渡なのか）
- 譲渡を完了したい時期（いつまでにM&Aを終えたいか）
- 買い手候補先として望ましくない相手
- 譲渡後の関与度合い（引継期間や報酬水準など）
- 退職金の要否やその金額水準

　スキームとM&Aの時期については，M&Aマッチングサイトに登録する際の「案件情報」で入力することになるので，必ず確認してください。事業承継型のM&Aの場合，原則は株式譲渡となりますが，思い込みで進めると後で大変苦労することとなりますので，遅くてもこの段階で確認してください。M&Aの時期についても，M&Aのスケジュールにも大きな影響を与えるため，最低でもいつまでに終えておきたいのかは確認しましょう。その他は，特に強い希望があれば，買い手候補先に条件として示す必要がありますので，その理由とともに確認をしてください。

＊

　石田税理士は，名古屋社長に希望や条件について改めて確認したところ，結局は，会社を清算しなければならない事業譲渡は避けたいので，株式譲渡で会社を引き継いでほしいとのことでした。また，M&Aが成立したら，その後は

引継業務に専念したいため，役員は退任したい，引継期間は，長くても1年くらいにしてほしいという要望がありました。その他は，特段の強い希望はないとのことでした。

　基礎的な資料の準備を終え，売却希望金額を含めた名古屋社長の希望や条件も確認し終えた石田税理士は，事前の準備が終了し，本格的にオワリ機器を引き継いでくれる買い手候補先の探索に移りました。

4 M&Aマッチングサイトへの登録：案件情報を登録しよう！

　M&Aアドバイザリー契約の締結，事前の準備を終えた石田税理士は，ようやく「M&Aマッチングサイト」への「案件情報」の登録に移ります。

　この「案件情報」は，M&Aマッチングサイトごとで入力すべき内容や量が変わりますが，基本的な考え方やポリシーは同じです。

　ここでは，M&Aマッチングサイトにおける案件情報登録と一般のM&Aにおけるノンネームシートとの違いについて説明したいと思います。

(1)　案件情報＝ノンネームシート

　M&Aマッチングサイトにおけるこの「案件情報」の登録は，一般のM&Aにおける「ノンネームシート」の作成に該当します。

　ノンネームシートとは，M&Aアドバイザーが買い手候補先へM&Aを打診する際に，匿名で譲渡対象会社の概要をまとめた書類をいいます。買い手となる可能性のある相手に，守秘義務契約（NDA）締結前に見せることとなるため，さまざまな関係者の目に触れる可能性があります。そのため，社名が特定されるような情報を記載することは極力避ける必要があります。これは，M&Aマッチングサイトでも同じです。特に地域は，業種によっては社名が特定される可能性がゼロではないため，市町村はもちろんのこと，県も記載せず，東北や東海など地方の記載でぼかすことがあります。

　ノンネームシートの内容には決まりはなく，「案件名」「地域」「業種」「特徴」「規模（売上高や社員数など）」「条件」などが簡単に記載されたものとなります。その他は，問い合わせ先として会計事務所の連絡先と担当者を記載する程度です。

⑵　M&Aマッチングサイト特有のポイント

　M&Aマッチングサイトでは，一般のM&A以上に，このノンネームシートに該当する「案件情報」の登録が非常に重要となります。

　M&Aマッチングサイトでは，インターネットのプラットフォーム上に掲載されている「案件情報」を買い手候補先が読んで，興味を持てば，買い手候補先から交渉を持ちかけてくることとなります。つまり，この「案件情報」の内容をもとに，買い手候補先は具体的なM&Aのイメージを膨らませることとなり，より多くのオファーを受けるか否かのカギを握るコンテンツとなるのです。

【図表４－７】 M&Aマッチングサイトの仕組み（TRANBIの例）

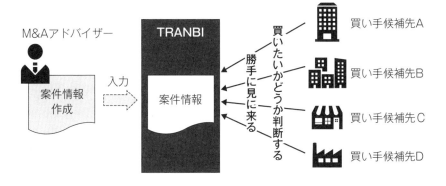

　そのため，売り手の社名が特定されない程度で売り手企業の魅力などを伝えることが非常に大切となります。特に，売り手の魅力やアピールポイント，ビジネスの概要については，比較的しっかり記載することがポイントとなります。このほか，経営者と事前協議のうえで，あらかじめ提示しておきたい条件についても記載しておくことが望ましいです。

　各M&Aマッチングサイトでは，この「案件情報」の記載の仕方や記載例がまとめられているので，それも参考にしてみてください。

⑶　オープン前に必ず経営者に確認しよう

　M&Aアドバイザーが記載した「案件情報」については，M&Aマッチング
サイトでオープンする前に必ず経営者に見てもらってください。

　一般のM&Aにおけるノンネームシートと比べて，M&Aマッチングサイト
におけるこの「案件情報」は多くの人の目に触れることとなります。もし，経
営者のOKをもらわずにサイト上でオープンした後，社名が特定された場合，
クレームにつながる可能性があります。このような事態にならないためにも，
必ず経営者に確認したうえで，案件情報をオープンにしてください。

　できれば，経営者へ直接ヒアリングしながら「案件情報」を入力し，入力後
その場で確認すると効率的に進められると思います。

＊

　石田税理士は，名古屋社長へヒアリングしながらM&Aマッチングサイト上
にオワリ機器の「案件情報」を入力しました。その内容についてはその場で名
古屋社長に見てもらい，OKをもらいました。これにより，M&Aマッチング
サイトでオワリ機器の案件登録が終了し，プラットフォーム上にアップされる
こととなりました。なお，M&Aマッチングサイト上の案件名は「空調機器の
部品製造会社の株式譲渡」としました。

5 顧問先の情報を守れ： 守秘義務契約を締結しよう！

　M&Aマッチングサイト上で売り手である顧問先の案件情報を登録すると，サイトの事務局側が，案件の審査などを行います。その審査が通ると晴れてプラットフォーム上で案件情報が開示されることとなります。

　案件情報が開示されると，石田税理士のもとに瞬く間に複数の候補先から連絡が来ました。ここからは，石田税理士はプラットフォーム上で交渉相手とメッセージのやりとりを行うこととなります。石田税理士としては，相手の顔も素性もわからない中でのやりとりとなる可能性もあるため，情報の開示のタイミングなどに気をつけながら慎重に進めていかなければなりません。

　ここでは，守秘義務契約（NDA）の内容に加え，売り手の名前を明かすネームクリアについて説明したいと思います。

(1) 守秘義務契約（NDA）を締結しよう

　まず，売り手のM&Aアドバイザーとして実施しなければならないのが，交渉相手である買い手候補先（もしくはそのM&Aアドバイザー）との「守秘義務契約（NDA）」の締結です。

　守秘義務契約（NDA）とは，M&Aの検討を進めていくうえで開示した企業の情報を外部に漏らさないことを約束する契約のことをいいます。売り手にとっては，M&Aという経営判断をしている事実は重大な機密情報となります。そのため，交渉を進めようとする買い手候補先との間で守秘義務契約（NDA）を締結しておく必要があります。

① 守秘義務契約を結ぶべき相手とは
　では，この守秘義務契約は誰と誰が結べばいいのでしょうか？

　M&Aマッチングサイトを活用する場合は，非常にわかりやすいです。締結すべき相手は，売り手のM&Aアドバイザーであるわれわれ会計事務所とマッチングサイトで交渉を持ちかけてきた相手となります。その相手が，買い手候補先自身なのか，買い手のM&Aアドバイザーなのかは問いません。

②　守秘義務契約を締結する前には質問に答えてはいけない

　M&Aマッチングサイトでは，最初の交渉メッセージの段階でさまざまな質問をする買い手候補先がいますが，この質問には答えてはいけません。質問に答えるのは，守秘義務契約（NDA）の締結後です。売り手のM&Aアドバイザーとしての最初のやりとりは，守秘義務契約（NDA）の締結の依頼になります。

③　守秘義務契約は，契約書でなくても大丈夫

　M&Aマッチングサイトによっては，実名交渉段階で守秘義務契約（NDA）の締結が義務づけられているものや，雛形が用意されているものもあります。その一方で，雛形などが提供されていないサイトも存在します。この場合は，売り手のM&Aアドバイザーが買い手候補先に対して，雛形などを示す必要があります。

　実は，守秘義務契約（NDA）には，相互が署名・押印する「守秘義務契約書」と，買い手候補先が売り手側に提出する「守秘義務確認書」があります。一般の守秘義務契約となると，お互いに機密情報を出し合うこととなるため，相互による守秘義務契約書が必要となります。その一方，M&Aの場合は，合併などの特殊スキームを除くと，基本的に売り手側が一方的に買い手側に対して情報を提供するため，買い手側から売り手側に差し入れる「守秘義務確認書」で十分となります。

*

　石田税理士は，M&Aマッチングサイトに交渉の依頼をしてきた各買い手候補先に対して，以下の守秘義務確認書を送り，後日押印のうえ郵送してもらうように交渉メッセージに記載して，返信しました。

【図表4－8】守秘義務確認書の雛形

令和○年○月○日

豊臣会計事務所　御中

大阪府○○区○○○町○丁目○番○号
浪速機器販売　株式会社
代表取締役社長　和泉　肇　　　㊞

秘密保持確認書

　浪速機器販売株式会社（以下「弊社」という。）は，豊臣会計事務所（以下「貴事務所」という。）より紹介を受けた譲渡企業の株式の全部若しくは一部の譲受又は投資（以下「本件」という。）を検討するに当たり，譲渡企業又は貴事務所より開示を受ける情報の秘密保持に関して，下記の定めに従って取り扱うことを確認します。

記

秘密情報
1．本確認書において「秘密情報」とは，書面，口頭その他方法を問わず，本件の検討の過程で譲渡企業から開示された，譲渡企業の営業上，技術上その他業務上の一切の情報をいう。

適用除外
2．以下の各号に掲げる情報は，秘密情報に該当しないものとすること。ただし，個人情報については本項は適用されないものとすること。
　一　相手方から開示される以前に公知であったもの
　二　相手方から開示された後に，自らの責によらず，公知となったもの
　三　相手方から開示される以前に自ら保有していたもの
　四　正当な権限を有する第三者から秘密保持義務を負わずに知得したもの
　五　相手方から開示された秘密情報によることなく，独自に開発したもの

秘密保持
3．弊社は，秘密情報を本件を検討する目的のみに使用するものとし，当該目的のため必要となる弊社の役員，従業員以外の第三者に，秘密情報を開示又は漏洩しないこと。
4．弊社は，譲渡企業又は貴事務所からの要求があった場合，譲渡企業又は貴事務所から開示を受けた資料，書類その他これらに類する一切の秘密情報（そのコピー，テープ，記録等を含む。）を速やかに譲渡企業又は貴事務所に返却（貴事務所が返却以外の手続

を指定した場合はこの限りでない。）すること。

5. 弊社は，譲渡企業が事前に書面又は電子メールにより承諾した場合に限り，第三者
（弁護士，公認会計士，税理士，ファイナンシャル・アドバイザーを除く。）に対して
譲渡企業の秘密情報を開示することができること。この場合，弊社は本確認書により
自らが負う義務と同等の義務を当該第三者に負わせるものとすること。

6. 前項の定めにかかわらず，弊社は，法令に基づいて開示を要求されるなど秘密情報
の開示に関する法令上の義務が生じる場合，必要最小限の範囲で秘密情報を開示する
ことができること。

個人情報の取扱い

7. 個人情報が，弊社に提供される場合，弊社は，個人情報が個人情報の保護に関する
法律等（諸官庁が定めるガイドライン，指針，通達等を含む。以下同じ。）が要求して
いる必要な要件・手続を具備したものであることを前提として取り扱うこと。

8. 弊社は，個人情報を，漏洩，盗用，改ざんしてはならず，かつ，本件の受託を検討
する目的以外に利用せず，個人情報の保護に関する法律等に従って適正に取り扱うこ
と。また，弊社は，個人情報を善良な管理者の注意をもって管理すること。

9. 貴事務所から求めがあった場合，弊社は，個人情報の管理状況について貴事務所に
報告すること。また，貴事務所は，個人情報の委託につき，個人情報の保護に関する
法律第22条の委託先に対する監督を行うため合理的必要があると認められるときは，
当該監督の対象となる個人情報の管理状況について，方法等につき弊社と協議の上，
必要な調査を行うことができること。

10. 弊社は，第7項から第9項に違反する事態が発生し，又は発生するおそれのあるこ
とを知った場合には，速やかに貴事務所に報告し，その対応に関して貴事務所と協議
すること。

期間・効力

11. 本確認書の期間は，本確認書締結日から3年間存続すること。

損害賠償

12. 弊社は，本確認書の履行に関連して弊社の責による事由で譲渡企業が現実に損害を
被った場合，譲渡企業又は貴事務所に対してこれを金銭により賠償すること。ただし，
損害賠償の対象は，弊社の行為に直接起因して生じた通常の損害とし，逸失利益その
他間接損害及び偶発損失などの特別損失は，その予見可能性を問わず損害賠償に含ま
れないこと。

誠実義務

13. 弊社は，本確認書により定められた義務の履行を誠実に行い，秘密情報の管理を秘
密情報の機密性及び本確認書の趣旨を踏まえて適切に行うこと。

以　上

ここで1つ注意があります。それは，宛先名です。

M&Aの当事者が買い手候補先と顧問先である売り手であることから，守秘義務確認書の宛先は豊臣会計事務所ではなく，オワリ機器なのではと思われるかもしれません。しかし，宛先をオワリ機器にしてはいけません。M&Aの場合，「社名自体が重大な機密情報」となります。守秘義務確認書に押印したものをもらう前に「オワリ機器」という社名を明かすことはできませんので，この時点での宛先はM&Aアドバイザーである豊臣会計事務所となることに注意してください。

⑵　ネームクリアをしよう

M&Aマッチングサイトで買い手候補先と交渉を始める上で，各買い手候補先による守秘義務確認書の作成と送付の依頼をするのと同時に，M&Aアドバイザーとして実施しなければならないのが，「ネームクリア」です。

①　ネームクリアとは

ネームクリアとは，言葉通り，相手に対して「名前を明かす」という意味があります。ただ，M&Aの場合，「誰が誰にどちらの名前（社名）を明かすのか」が，M&Aのアドバイザーの立ち位置によって変わるため，注意が必要です。

M&A仲介の場合におけるネームクリアとは，「買い手候補先」に対して「売り手先の名前」を開示することをいいます。

M&A仲介の場合，買い手候補先の探索の際に，売り手企業に対して買い手候補先リストを提示して，その優先順位などを協議することとなります。その際，M&A検討先としてふさわしくない会社はリストから除外できます。そのため，売り手企業に対して，買い手候補先の社名の確認を再度行う必要はありません。

一方，売り手側のファイナンシャル・アドバイザー（FA）の場合におけるネームクリアとは，「売り手先」に対して「買い手候補先の名前」を開示する

ことをいいます。

　売り手側のファイナンシャル・アドバイザー（FA）の場合，別のファイナンシャル・アドバイザー（FA）に買い手を探してもらうこととなります。そのため，この段階では買い手側のファイナンシャル・アドバイザー（FA）がどのような候補先に打診するのか不明です。売り手ファイナンシャル・アドバイザー（FA）としては，買い手としてふさわしくない会社や各買い手ファイナンシャル・アドバイザー（FA）が同じ候補先に持ち込まないようにするためにも，案件を持ち込もうとしている会社名を事前に把握しておく必要があります。

　では，M&Aマッチングサイトを利用して買い手候補先を探す場合には，どうでしょう。

　M&Aマッチングサイトではどのような買い手候補先がオファーしてくるのか事前にわかりませんので，一般に売り手側のファイナンシャル・アドバイザー（FA）を務める場合と同様，買い手側のファイナンシャル・アドバイザー（FA）が，「売り手先」に対してオファーしてきた「買い手候補先の名前」を開示することをネームクリアといいます。

　ここでも1つ注意が必要です。

　いくつかのM&Aマッチングサイトの場合，交渉を持ちかけてくるのが買い手候補先の場合もあれば，買い手ファイナンシャル・アドバイザー（FA）となりうるM&A専門家の場合もあります。買い手候補先の場合は守秘義務契約（NDA）の締結の段階で社名が明らかになるので問題ありません。しかし，相手がM&A専門家の場合には，先ほど説明した売り手側のファイナンシャル・アドバイザー（FA）の場合と同様，最終的にどこへ持ち込むのかを確認しなければ，買い手候補先がわかりません。そのため，どの会社へ案件を持ち込む予定なのかをメッセージで聞いておく必要があります。

②　買い手候補先から情報を引き出す

　M&Aマッチングサイトで買い手候補先を募るということは，交渉を申し込んでくる相手がどのような相手なのか，本当に交渉していい相手なのか，この時点では判断できないというデメリットがあります。これは，M&Aアドバイザーはもちろんのこと，売り手の経営者も同じです。売り手の経営者に交渉を進めてもいい相手なのかを判断してもらうためにも，買い手候補先の一定の情報を収集しておく必要があります。

　どの程度収集すべきなのかはM&Aアドバイザーの判断によると思いますが，私は少なくとも以下のように確認を行っています。

- 買い手候補先が会社の場合であれば，HPを探す。
- HPのない会社には，会社の概要がわかるような資料を依頼する。
- 個人の場合には，現在の職業を質問する。
- 買収資金の調達方法を質問する。
- 今回の買収の目的を質問する。

　このうち，今後交渉を進めていくうえで重要な確認事項が，「買収資金の調達方法」です。

　M&Aにおける買収資金の調達方法には，「自己資金」と「借入」の2つの方法があります。売り手のM&Aアドバイザーとしては，「借入」でしか資金調達ができないという返答があった相手は，「最終的にクロージング（株式の売却完了）までいかないかもしれない」ということを念頭に置く必要があります。なぜなら，買い手候補先にいくら買いたいという意思があったとしても，金融機関が資金融資を拒絶した場合には，結果として買収ができないためです。また，資金融資の検討のために何か月も待たされることも考えられます。

　このように，金融機関からの借入に依存しなければならない相手の場合には，M&Aが進んだとしても最終的に成立させられない可能性があるのです。このようなM&A成立を阻むリスクをあらかじめ把握して交渉を進めることは，M&Aアドバイザーとして非常に重要といえます。

6 候補先と効率よく交渉を：企業概要書を提出しよう！

　石田税理士は，M&Aマッチングサイトで交渉を持ちかけてきた10社の買い手候補先をリスト化しました。名古屋社長からは，会社の規模がオワリ機器より小さい会社2社を除いて，引き続き交渉を行う許可が出ました。ここからは，オワリ機器が売り手であることを買い手候補先に伝えて，本格的な交渉を進めることとなります。

　複数の買い手候補先と効率よく交渉を行う上で役に立つのが，売り手の会社の概要をまとめた「企業概要書（IM）」です。事前準備段階でこの企業概要書（IM）を作成しておき，ネームクリアののち，この書類を買い手候補先に提供することで交渉がスムーズに進むこととなります。

　ここでは，企業概要書（IM）作成のメリット，作成時期を説明するとともに，記載すべき内容について説明したいと思います。

(1)　企業概要書を作成する意義

　企業概要書（IM）とは，守秘義務契約（NDA）を締結した候補先に対して，より具体的に買収などを検討してもらうために譲渡対象会社などの詳細な情報や概況，魅力，買収条件などを提供する書類のことをいいます。

　では，なぜ企業概要書（IM）を作成する必要があるのでしょうか？

　買い手候補先は，一定の金額を投資してM&Aを実施する以上，買収するに値する案件なのかを真剣に検討します。しかし，この時点で買い手候補先が持っているオワリ機器の情報は，M&Aマッチングサイト上の案件情報しかありません。これでは，M&Aの検討が十分にできないため，買い手候補先は交渉メッセージでさまざまな質問や資料の依頼を行うこととなります。買い手候補先が1社であれば，その都度対応することもできますが，1度に複数の買い

手候補先と同時にやりとりを行わなければならないのがM&Aマッチングサイトです。

　実は，この時点で買い手候補先がしてくる質問は，社名や役員の名前，所在地，株主構成，主な取引先など，ほとんど同じなのです。まず，これらを聞いてから詳細な検討に入るはずです。同じ質問が来ることが想定されているにもかかわらず，複数の買い手候補先からの質問にその都度対応するのは，非常に煩雑です。M&Aマッチングサイトの場合，メールでのやりとりになるので，文章をその都度作成しなければなりません。このような手間を省くのが企業概要書（IM）です。

　企業概要書（IM）は，売り手企業の概要や紹介などを行うとともに，売り手のM&Aアドバイザーが実施したセラーズデューデリで判明した事項をあらかじめ伝えておく手段として用いられます。

　この他にも企業概要書（IM）を作成するメリットには，以下のようなものがあります。

- 売り手のM&Aアドバイザーが売り手企業のことを改めて理解することができる。
- 作成するためにはさまざまな資料を依頼する必要があり，M&Aの検討に必要な資料を事前に入手できる。
- セラーズデューデリを実施することにつながり，売り手企業の優位性やリスク，売却希望価格の根拠を示すなど将来の買い手候補先との交渉材料を事前に把握できる。
- 買い手候補先からの質問を少なくすることができるとともに，基本合意の締結までの交渉に至らないような買い手候補先を早い段階でふるいにかけることができる。

---

(2) 事前準備段階で作成する

　では，この企業概要書（IM）はいつ作ればいいのでしょうか？

　企業概要書（IM）を作成するメリットを享受するためにも，M&Aマッチングサイトへ案件情報を公開する前の「事前準備段階」で作成しておくことをお勧めします。

　一旦案件情報がプラットフォーム上に公開されると，ただちに複数の買い手候補先から問い合わせが来ます。買い手候補先とのやりとりはできるだけ適時に密に行う必要があります。それにもかかわらず，公開後に企業概要書（IM）を作成していては，買い手候補先に適時に対応することができず，M&Aを実施する意欲を減退させる要因にもなりかねません。

　企業概要書（IM）は必ず作成しなければならないというものではありません。しかし，買い手候補先との交渉が始まってからのM&Aアドバイザーの業務を効率化するのはもちろんのこと，交渉をスムーズに進めるためにも重要な役割を果たします。

　私自身，上場会社から依頼されて買い手側のデューデリを行うことが多いのですが，企業概要書（IM）が作成されていない案件は，基本合意締結後に大きなリスク要因が発見されたり，価格を大幅に引き下げるような要因が発見され，途中でブレイク（M&A不成立）していることが多いです。

　事業承継型のM&Aで途中でのブレイクは売り手の経営者の心を大きく挫くこととなります。M&Aアドバイザーとしては，少し手間になりますが，顧問先の事業承継をスムーズに行うためにも，そして交渉過程での会計事務所の負担を少なくするためにも，簡易なものでも構いませんので，必ず作成するようにしてください。

(3) 企業概要書の内容

　では，企業概要書（IM）にはどのような内容を記載する必要があるのでしょうか？

　先ほども述べたとおり，企業概要書（IM）は必ずしも作成する必要はないため，そこに記載する内容も決まったものはありません。結論からいえば，売り手のM&Aアドバイザーが載せたい情報，買い手候補先に事前に把握してもらいたい情報，M&Aを進めるうえで必要となる情報が入っていれば十分です。

　とはいえ，これでは具体的に何を記載すればいいのかがわからないと思いますので，石田税理士が作成したオワリ機器の企業概要書（IM）を見ながら説明していきたいと思います。なお，石田税理士はパワーポイントで作成していますが，もう少し規模が小さい場合には，エクセルなどで簡略的にまとめたものでも十分です。

　石田税理士が作成した企業概要書（IM）は，大きく「会社概要」「ビジネス」「組織図」「財務ハイライト」「希望条件」の5つの区分に分かれています。

①　会社概要の説明

　守秘義務契約（NDA）を締結し，ネームクリアした後に提出するものとなるため，そもそもオワリ機器とはどのような会社なのかを買い手候補先に紹介することとなります。

　石田税理士は，定款や全部事項証明書などを見ながら会社概要を作成するとともに，名古屋社長へのヒアリングにより沿革をまとめました。

　オワリ機器では，株主は作成時点で名古屋社長1人であるものの，実際には，株券が発行されてないにもかかわらず，定款などでは株券発行会社であるとの記載があるため，買い手候補先への注意喚起も含めて，別途詳細に記載することとしました。このほか，役員構成や家族構成も併せて情報をまとめることとしました。

　これらをまとめた情報が図表4−9です。

【図表４－９】企業概要書（会社概要）

　なお，オワリ機器には，子会社やグループ会社がないため，詳細な記載はされていませんが，これらが存在する場合は，一緒に譲渡対象とするか否か，対象とする場合にはその子会社等の会社概要なども記載することが望ましいです。

②　ビジネス関連の説明

　買い手候補先としては，売り手企業がどのようなビジネスをしているのかは非常に関心の高いところです。また，売り手にとっても買い手候補先にアピールするところになりえます。

　石田税理士は，買い手候補先にオワリ機器のビジネスの概要をわかってもらうために，図表4－10のとおり，「簡単なビジネスフロー」「主要得意先，仕入先等の取引実績」「強み・今後の展開」について記載することとしました。

【図表4－10】企業概要書（ビジネス）

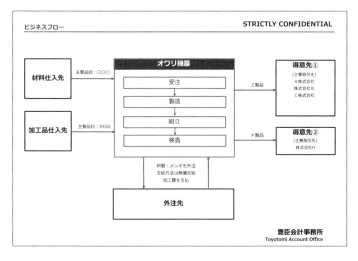

　なお，小売店など多店舗展開している場合には店舗別の概要や損益実態など
を記載することとなります。また，オワリ機器の例にはありませんが，代表的
な製品や商品などの写真を添付することも効果的です。

③　組織・拠点関連の説明

　買い手候補先としては，ビジネスの内容と並んで関心が高いのが，組織と社
員の概要です。特に社員については，年齢構成や給与水準，どのような業務に
従事しているのかなどをまとめることが必要です。拠点については，実際にど

こに存在するのかはもちろんのこと，自社物件なのか，賃貸物件なのかによっ
て，買い手候補先としては投資判断が変わる場合もあるため，重要な情報とな
ります。

　石田税理士は，図表4－11のとおり，「組織図」「社員情報」「拠点情報」を企
業概要書に載せることとしました。なお，拠点情報には，本社工場のうち，土
地は自社保有，建物は名古屋社長からの賃借であることを明記し，M&A実行
に伴い建物の取扱いの交渉が必要であることを買い手候補先に明示しています。

【図表4－11】企業概要書（組織図）

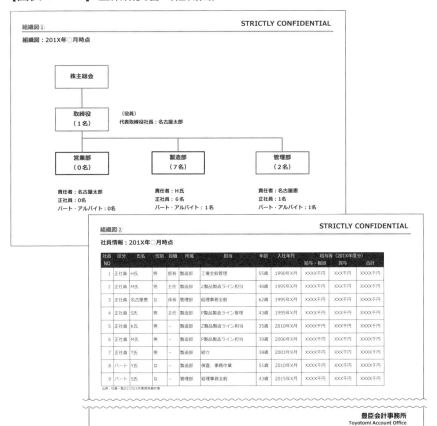

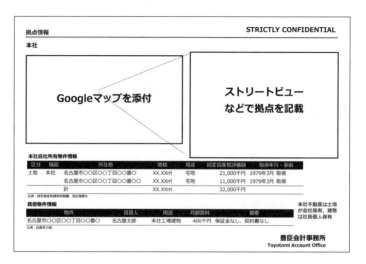

社員情報の開示の際には，個人名は伏せて記載をしてください。また，作成時点で退職することが決まっている場合など，ネガティブな情報もあとで揉めないために，この時点で開示することが望ましいです。その一方で，保有している資格などがアピール材料になる場合には，積極的に記載することも検討ください。

④ 財務関連の説明

M&Aを検討するうえで売買価格の根拠となるのが，財務関連のデータです。そのため，この財務情報は必ず必要となります。また，売り手のM&Aアドバイザーとして実施したセラーズデューデリにより把握した純資産の修正や損益の調整内容については，売買希望金額の根拠であるため，この時点で買い手候補先に提供することが望ましいです。M&Aアドバイザーが把握している修正や調整内容をあらかじめ開示することで，基本合意締結後に売買価格の値下げ交渉を避けることにつながります。

石田税理士は，図表4－12のように，貸借対照表および損益計算書の過去3期の推移の概要，簡単な概観説明を行うとともに，自身がセラーズデューデリで発見した修正や調整内容を示した表を記載することとしました。

【図表4-12】企業概要書（財務ハイライト）

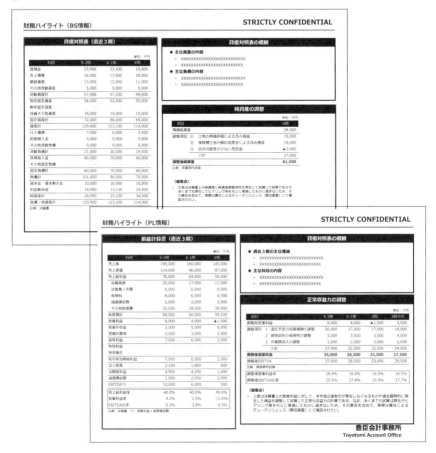

　なお，純資産の修正や正常収益力の調整の内容の詳細は，第6章の「4　石田税理士はどのように株価評価を行ったのか？」に記載していますので，参考にしてください。

　ここで1つだけ注意点があります。正常収益力の調整の中の役員報酬について，売買希望価格の目線合わせのための株価評価では，標準的な役員報酬を控除した金額に調整していましたが，企業概要書（IM）上の調整額は役員報酬全額を調整しています。これは，役員報酬をどの程度見込むのかは買い手候補

先によって異なるため，石田税理士はあえて控除せず調整をしています。

⑤　希望条件

　最後に売り手からの希望条件を記載します。買い手候補先は，最終的にこの条件を受け入れることができるかどうかで，今後の交渉を進めるかどうかを検討することとなります。なお，この希望条件が提示されていないと，買い手候補先はどのような条件を出せばいいのかがわかりませんので，最低限「スキーム」と「売却希望価格」は記載する必要があります。

　石田税理士は，名古屋社長との打ち合わせの結果，図表4−13のように，上記の2つに加え，名古屋社長の引継期間と社員の継続雇用，借入金等の連帯保証の解除，個人保有の本社工場建物の取扱いについて条件として記載することとしました。

【図表4−13】企業概要書（希望条件）

希望条件	STRICTLY CONFIDENTIAL
スキーム	・全株主が保有する株式のすべての譲渡（対価は現金）
売却希望価格	・80,000千円（役員退職時における退職金相当額込）
引継期間	・1年程度を想定（貴社の要望によっては延長・短縮も可能） ・なお，引継時の役職，報酬については別途協議
その他希望条件	・社員の継続雇用（現在と同条件以上での雇用） ・借入金等になされている連帯保証の解除 ・個人保有の本社工場の建物については，これまで通りの賃貸，本件実行時に買取りどちらでも対応可能

豊臣会計事務所
Toyotomi Account Office

(4)　基礎資料の開示と追加質問への対応

　買い手候補先は，企業概要書（IM）を見ることで本格的に買収の検討を行

うかどうかを判断することとなります。逆に，これを見て，買収を断念する買い手候補先も出てきます。つまり，企業概要書（IM）により買い手候補先をふるいにかけることができ，本格的に検討したいと考えている候補先とだけ交渉できることとなります。

　M&Aマッチングサイトではさまざまな買い手候補先との交渉が可能というメリットはあるものの，本当に引継ぎができる会社なのかを見極めながら交渉をしていかないと，M&Aアドバイザーはもちろんのこと，売り手の経営者に無駄な労力を使わせることとなる可能性があるので注意が必要です。

①　事前入手した基礎資料の提供

　企業概要書（IM）を提出し，本気で買収を検討したいと考えている買い手候補先に，M&Aアドバイザーが事前に入手した定款や全部事項証明書（登記簿），決算書などの基礎資料を提供することがあります。しかし，企業概要書（IM）を見て，これ以上の検討をしないと判断した会社などにこのような資料を提供する意味はありません。基礎資料は売り手の生の情報であることから，提供すべき先は本格的に検討する買い手候補先に限定すべきです。

　本格的に検討するかどうかの見極めのポイントとしては，企業概要書（IM）の提出後にさらなる質問や追加での資料依頼をしてくるか否かがあります。企業概要書（IM）は，あくまでも売り手企業の概要を説明したものにすぎません。本格的に検討するうえでは情報が足りないこともあります。また，記載されている内容について不明点などがあれば質問をしてくるはずです。このように追加での質問などをしてきた会社にのみ，売り手の基礎情報を提供するようにしましょう。なお，この時点での買い手候補先からの質問も，この基礎情報の提供で解決することがほとんどです。

　なお，M&Aアドバイザーが事前準備段階で入手した資料のすべてを提供する必要はありません。この時点で提供する資料はできるだけ限定すべきです。参考としては，事前資料の入手の際に売り手に依頼する資料リストの中で，規模の小さい案件で入手すべきとした資料が挙げられます（84頁参照）。

②　追加質問への対応

　買い手候補先は，入手した企業概要書（IM）や基礎資料をもとに意向表明ができるかどうかについて本格的な検討を行います。本格的な検討を行う過程でさまざまな疑問や聞きたいことが出てくるため，M&Aマッチングサイトを通じて，われわれ売り手のM&Aアドバイザーへ質問してきます。

　この時点での質問については，売り手のM&Aアドバイザーで答えられるものもあれば，売り手の経営者に確認しなければならないものも出てきます。また，交渉相手が買い手のM&Aアドバイザーの場合，質問の量が多くなる傾向にあります。さらに，質問への対応は複数の買い手候補先と行わなければなりません。売り手のM&Aアドバイザーとしては，非常に煩雑となるのはもちろんのこと，どの質問へ答えたのかのステータス管理が必要となります。

　スムーズに質問対応を行うため，また，ステータス管理のために役立つのが，図表4－14で示したエクセルでまとめた「Q&Aシート」です。これは，M&Aマッチングサイトに限らず，通常のM&Aでもよく用いられるものです。

　買い手候補先から追加で質問や資料依頼がある場合には，このシートに依頼内容を記載して，売り手のM&Aアドバイザーに送り，売り手サイドで回答を記載して，再度送付するといったやりとりが行われています。これを用いることで，どの質問が回答未了かなどが一目瞭然となるため，さまざまな関係者が関与するM&Aにおいては，非常に有効なツールとなります。なお，このシートは基本合意の締結後に行われるデューデリでも用いられます。

　ところで，買い手候補先からの質問にはすべて答えなければならないのでしょうか？　この段階での質問に答えるかどうかは売り手側の判断となります。買い手候補先が意向表明を行ううえで必要となると判断した場合には，回答をしたほうがいいと思いますが，細かな質問などについては回答を見送り，「基本合意締結後のデューデリ時に回答する」などの対応も1つです。また，今後のビジネスの展開や，売り手の経営者の思いや考え方など，端的に回答ができないようなものは，「直接面談等で回答する」という回答の仕方もありだと思います。ただし，何もかも先送りにしてそもそも買い手候補先が意向表明しな

いという事態になっては本末転倒です。できるだけ真摯に対応することが望ましいでしょう。

【図表4－14】Q&Aシート

NO	日　付	項　目	質問等の内容	回答日	回答
例	○月○日	損益計算書項目	直近3期の売上高の推移を見ると，年々減少傾向が見受けられますが，その大きな要因についてご教授ください。	○月○日	主力製品であるＺ製品の納入先であるＡ株式会社の生産量の減少に連動する形で，Ａ株式会社への売上が減少傾向にあることが大きな要因です。
1					
2					
3					
4					
5					
6					
7					
8					
9					
10					

7 売り手と買い手候補先のお見合い：トップ面談を実施しよう！

　各買い手候補先は，石田税理士から入手した企業概要書（IM）と基礎的な資料をもとに，M&Aを進めるかどうかの検討を行いました。その間，M&Aマッチングサイト上では，各買い手候補先から石田税理士に対して，個別の質問等がなされ，それに対して回答を行うなどのやりとりが続きました。このようなやりとりが続き，最終的にお互いがM&Aを進めていこうと決断するうえで必要となるのが，結婚でいうところのお見合いに当たる「トップ面談」です。

　会社同士の資本提携とはいえ，経営者同士の考えや思いはM&A成立において非常に重要な決定要因となります。ここでは，トップ面談の概要と進め方について説明したいと思います。

(1)　トップ面談とは

　トップ面談とは，M&Aに関する売り手と買い手候補先とのトップが直接面談し，双方の考え方や思い，現状の事業に関する理解を深め合うために行うものです。事業承継型のM&Aの場合，売り手の経営者が買い手候補先を気に入るかどうかは，重要な決定要素です。そのため，トップ同士の面談は買い手候補先の選定において非常に重要なステップとなります。

①　実施時期

　トップ面談は，基本合意の締結の前に必ず1回は実施しておく必要があります。結婚でいうところの婚約に当たる基本合意の締結の後，実際に会ってみて，「やっぱりこの社長には自分の会社を任せられない」となってしまったら，M&Aのステップは振り出しに戻ってしまいます。買い手候補先を条件のみで選定しないためにも，トップ面談は基本合意の前までにできるだけ複数の会社

と実施してください。

　ただし，あまりにも早くトップ面談を実施することも避ける必要があります。条件に合わない会社とトップ面談を実施しても無駄な時間を過ごすだけとなります。買い手候補先に真剣に検討する時間を与えるためにも，企業概要書（IM）を提出した後，一定期間を空けて日程を設定することをお勧めします。

　もし，この段階でも数多くの買い手候補先からの面談希望がある場合には，次のステップである「意向表明の確認」を先に実施し，面談すべき相手を絞り込むこと（目安は3社から5社程度）も1つの方法です。

②　参加者

　トップ面談の参加者に決まりはありません。しかし，売り手側は，社内にM&Aの事実を伏せて進めている関係から，経営者1人での参加となる場合が多いです。それにもかかわらず，買い手候補先の参加者が多いと，売り手の経営者が委縮してしまうことも考えられます。このような事態を避け，売り手の経営者に安心して参加してもらうためにも，買い手側の参加人数は3名程度に絞るよう依頼をしておく必要があります。

　当然，売り手，買い手のファイナンシャル・アドバイザー（FA）がいる場合には，トップ面談に同席することとなります。

(2)　トップ面談の進め方

①　日程調整

　日程調整は，M&Aアドバイザーの業務となります。売り手の経営者の予定をもとに，各買い手候補先に面談希望日を確認します。複数の買い手候補先と日程調整を行う場合には，一定期間余裕を持たせて日程を調整してください。

②　実施場所

　面談の実施場所は，秘密保持の観点からM&Aアドバイザーのオフィスや買い手候補先の会社で行われることが多いです。

就業時間後や土日など社員がいない時間帯に実施できるのであれば，売り手企業で行うことも考えられます。ただし，社員に感づかれないよう，買い手候補先の来社の方法など慎重に準備する必要があります。

③　トップ面談で話し合う内容

トップ面談は，売り手と買い手の経営者が初めて顔を合わせる機会であり，両者の理解を深めることが主目的となります。そのため，この場で交渉などを行うことを目的としていません。売り手のM&Aアドバイザーとしては，買い手候補先に対して，具体的な条件や価格の交渉をこの場ではしないように事前に伝えておくことが大切です。

トップ面談の段階では，買い手候補先は企業概要書（IM）で売り手のことをある程度理解しています。その一方で，売り手の経営者は，ホームページなどの一般の情報でしか買い手候補先のことを知らない場合があります。そのため，買い手候補先が売り手に対して会社の紹介を行うのが面談の内容の１つとなります。買い手候補先にとっては，「自分を選んでください」というアピールの場であるともいえます。

もう１つが，買い手候補先から売り手に対して直接質問などをする場となります。買い手候補先としては，企業概要書（IM）や基礎資料を見るだけではわからないことや，今後買収を検討していくうえで最低限確認したい事項を直接聞くことができます。こうして売り手に対する理解を深めてもらうことで，次のステップである意向表明につなげることとなります。

トップ面談の内容は，買い手候補先の紹介と売り手企業への質問が中心となるため，時間としては１時間半から２時間程度となることが一般的です。

＊

石田税理士と名古屋社長は，M&Aマッチングサイト上でのやりとりを行い，最終的に３社とトップ面談を行うこととしました。各買い手候補先から，当日の参加者などを確認し，「トップ面談の式次第」を作成したうえで，トップ面談を実施しました。

【図表4－15】トップ面談の式次第

株式会社オワリ機器／浪速機器販売株式会社
トップ面談

～　　式次第　　～

日　　時：　令和○年○月○日（月）　　14：00　～　16：00　（予定）

会　　場：　豊臣会計事務所

住　　所：　愛知県名古屋市○○区○○丁目○○番○号○○ビル○号

ご出席者：　株式会社オワリ機器　　　　　代表取締役社長　　　名古屋　太郎　様
　　　　　　豊臣会計事務所　　　　　　　税理士　　　　　　　石田　　清正

　　　　　　浪速機器販売株式会社　　　　代表取締役社長　　　和泉　　肇　　様
　　　　　　　　　　　　　　　　　　　　取締役　　　　　　　摂津　　俊彦　様
　　　　　　　　　　　　　　　　　　　　経理担当　　　　　　堺　　　竜彦　様
　　　　　　株式会社TOKUGAWAコンサル　代表取締役　　　　　徳川　　晴信　様

面談趣旨：　M&Aご検討を進めるにあたり，双方のお考えや現状事業に関する理解を深
　　　　　　め，今後の進め方について討議する初回の機会

　（1）ご挨拶・会社紹介　浪速機器販売株式会社　様
　　　　（会社の沿革，事業概要，本件検討に至った理由）
　（2）ご挨拶・会社紹介　株式会社オワリ機器　様
　　　　（会社の沿革，事業概要，本件検討に至った理由）
　（3）質疑応答
　（4）今後の進め方について　豊臣会計事務所より

以上

8 買い手候補先の条件は？： 意向表明を確認しよう！

　石田税理士と名古屋社長は，複数の買い手候補先とのトップ面談を終え，そ
れぞれの経営者の人となり，考え，思いや買い手候補先の事業の概要について
の理解を深めることができました。

　名古屋社長から事業承継の相談を受けてから約3か月。そろそろ買い手候補
先を1本に絞り，次の「M&Aをまとめる」フェーズに移る時期に来たと石田
税理士は考えました。そこで，買い手候補先を1本に絞るために，「買い手の
探索と選定」の最後のステップ「意向表明の確認」を行うこととしました。

　ここでは，どのように候補先を絞っていくのか，また，複数の買い手候補先
と交渉し，意向表明の確認を行うメリットについて説明したいと思います。

(1)　複数の候補先から意向表明してもらおう

　意向表明とは，買い手候補先から売り手に対して資本提携の意思と基本的な
条件の提示を行うことです。

　買い手候補先が1社の場合には，お互いのやりとりの中で，基本的な条件を
すり合わせながら次のステップである基本合意の締結を行うことが一般的です。

　一方，買い手候補先が複数いる場合には，売り手側が買い手候補先を1社に
絞る必要があります。そのためには，まずは買う意思のある候補先に対して，
どのような条件であれば引き継ぐことができるのかを確認しなければなりませ
ん。各買い手候補先が示した条件などを比較するためにも，この意向表明とい
うステップが必要となります。

①　意向表明の方法

　買い手候補先に意向表明してもらう方法に決まりはありません。

　できれば，意向表明してもらいたい内容や項目を書面にしてもらい，買い手
候補先の代表者の押印をもらってください。なお，小規模のM&Aの場合には，
M&Aマッチングサイトのメッセージに記載し，そこで回答してもらうという
方法も考えられます。ただし，口頭のみの確認はその後のトラブルのもととな
るため，避けてください。

　一般のM&Aの場合，複数の買い手候補先から意向表明してもらうことを
「ビット方式（入札方式）」といいます。このビット方式の場合に使うものとし
て「プロセスレター」というものがあります。プロセスレターとは，買い手候
補先に意向表明書の提出手続を案内する書類のことをいいます。このプロセス
レターを買い手候補先もしくは買い手のファイナンシャル・アドバイザー
（FA）へ送付し，提出期限までに意向表明書を売り手のファイナンシャル・ア
ドバイザー（FA）まで郵送してもらうことで各買い手候補先の条件などを確
認します。

　M&Aマッチングサイトの場合であっても，複数の買い手候補先の中から1
社に絞る際には，このプロセスレターを送り，売り手側の指示に従った意向表
明書を別途作成してもらうのも1つの方法といえます。

②　意向表明の内容

　意向表明をするということは，M&Aを実施したいという意思の表れになる
ので，あえてその意思を確認する必要はないと思います。

　意向表明で確認する基本的な条件についての決まりはありません。売り手の
経営者が意思決定するうえで必要な条件などを表明してもらうこととなります。
そのため，少なくとも「買収金額」については確認する必要があります。この
他に確認する基本的な条件としては，次のような項目が考えられます。

- 売り手を買収したい理由やM&Aの目的
- 買い手が希望するスキーム
- 買収後の売り手の会社の経営体制の予定
- 買収希望金額の算定の根拠
- 買収金額の資金調達方法
- 現経営陣や社員の処遇
- その他の条件や要望

この時点で引き継いでもらう相手を決めることとなるため，買収の理由や目的などは改めて確認することをお勧めします。また，事前の質問でも確認していることですが，買収金額の資金調達方法が自己資金なのか金融機関からの借入をしなければいけないのかは，M&Aの成立に大きな影響を与えるため，再度確認してください。

(2) なぜ複数の候補先と交渉するのか

M&Aマッチングサイトでは，興味を持った買い手候補先から交渉を持ちかけてくるため，複数の相手と交渉を行うことが可能となります。複数の相手と交渉を進めることは，M&Aアドバイザーにとっては手間になりますが，以下のようなメリットがあるため，この意向表明の段階まではできるだけ複数の候補先と交渉を行うようにしてください。

① 売り手が有利に交渉できるのは基本合意の締結まで

後継者が不在の中小企業にとって，会社を存続させるためには，親族外承継であるM&Aで第三者へ経営を引き継ぐ必要があります。逆に，M&Aにより第三者への承継ができない場合には，清算・廃業の道しか残されていないともいえます。つまり，売り手は，交渉を行う前から買い手候補先に比べて相対的に弱い立場に置かれているといえるのです。

この弱い立場として，仮に初めから1社としか交渉を行わないとするとどう

でしょうか。交渉を進めれば進めるほど，買い手の要望や条件を聞かざるを得ない状況に追い込まれてしまいます。

　実はこの状況は，本書における「M&Aをまとめる」フェーズでも同じです。基本合意締結後は，原則１社との交渉となるため，売り手の立場の弱さが一挙に顕在化することとなります。

　ただし，この立場を逆転できるフェーズがあります。それが基本合意締結前までの「買い手の探索と選定」のフェーズです。このフェーズは，売り手が買い手候補先を決める段階となります。一定の魅力がある会社であれば，複数の買い手候補先との交渉ができるため，売却金額を含め，より有利な条件を引き出すことが可能となります。

　特にM&Aマッチングサイトは，興味を示した複数の買い手候補先と初めから交渉ができるというメリットがあります。また，買い手候補先も，競合する相手が別にいるかもしれないと頭に浮かべながら交渉をしなければなりません。そのため，売り手のファイナンシャル・アドバイザー（FA）である会計事務所としては，基本合意締結まではこの有利な立場を最大限活用することが，顧問先を守ることにつながるのです。

②　経営者の納得感が得られる

　従来型の買い手候補先の探索の場合，その探索におけるコストが非常にかかるため，いち早く買う意思を示した買い手候補先１社とM&Aを進めることが一般的です。複数の買い手が現れるかどうかも不明の状況で，わざわざ時間をかけて別の候補先を探すメリットがM&Aアドバイザーにないためです。

　しかし，経営者にとってみればどうでしょう。自分が長らく経営した会社を継いでくれるのにふさわしい買い手候補先に引き継いでもらいたいという気持ちが強いはずです。できれば，さまざまな候補先と会い，話を聞いて，その中からふさわしいと思う会社にお願いしたいと考えるのは普通なのだと思います。

　その一方で，後継者がいない中小企業にとって会社を継続していくためには，第三者への承継，つまりM&Aしか道が残っていません。M&Aアドバイザー

が見つけてきた買い手候補先が1社のみだとしても，せっかく見つけてくれたのだからと自分に言い聞かせて，その会社とM&Aを進めていっているのだと思います。

このような状況で，M&Aが進むにつれて，少しでも気がかりなことが出てくると，「本当にこの会社に引き継いでいいのだろうか」とか「もっと他にふさわしい会社があるのではないか」と経営者が考えてしまうケースがあります。また，実際にM&Aが成立した後になって，同じようなことを考えてしまう経営者も出てくる場合があります。こうなると，クレームの矛先はM&Aアドバイザーに向かうこととなり，M&A成立前の場合，途中でM&Aをやめてしまうケースも出てきます。

M&Aマッチングサイトの場合には，多くのケースで複数の買い手候補先と交渉することから始まります。そして，交渉の過程で，買い手候補先を絞り込んでいきます。意向表明を複数の候補先がしてくれれば，その中から売り手の経営者が選ぶことになりますし，仮にこの段階で1社であったとしても，それまでの複数の候補先との交渉の結果として1社になったプロセスが経営者に明確になります。また，仮に経営者が希望する売却金額での意向表明がなかったとしても，「これが世間での評価なのだ」と受け入れてもらいやすくなります。

長年関与してきた顧問先が次のステップに進むためのサポートをすることがM&Aアドバイザリー業務であることを考えると，少し手間はかかるかもしれませんが，経営者が納得して候補先を決めるためにも，複数の買い手候補先と交渉し，できれば複数から意向表明をもらえるような交渉を進めていただくことをお勧めします。

*

石田税理士は，3社からもらった意向表明書の条件内容を整理して，名古屋社長に見せました。その結果，名古屋社長はトップ面談での印象，買収金額の条件などを総合的に考え，買い手候補先を浪速機器販売株式会社に絞ることを決定しました。

（浪速機器販売株式会社からの主な条件提示）

- 買収希望金額：83,000千円（役員退職慰労金含む）
- 算定根拠：年倍法および収益還元法を総合的に判断
- 資金調達方法：自己資金
- 社員の待遇：当面現状維持（少なくとも現状を下回らないようする）
- 経営者の待遇：引継期間は最低1年間（報酬は別途協議）
- 連帯保証の変更：可
- 引継後の体制：取締役1名の派遣予定

　この段階で，M&AプロセスのフェーズⅠ「買い手の探索と選定」が終了となります。次は，買い手候補先として1社に絞った浪速機器販売株式会社とのM&Aを成立させていくためのフェーズである「M&Aをまとめる」に移ります。

✤ 社員，取引先への開示のタイミング ✤

M&Aを進めているということは経営上の重要な機密情報となります。特に売り手にとっては，外部に漏れた場合，経営に与える影響は計り知れないものになる可能性があります。

では，社員や取引先にいつM&Aについて伝えるのがいいのでしょうか？

私は，原則クロージングまでは決してオープンにすべきではないと考えています。社員の場合，M&Aを検討していることが漏洩すると，退職や士気の悪化などマイナス要因が発生しかねません。取引先に至っては，取引の停止や縮小などがなされる可能性が否定できません。こうなってしまうとM&Aそのものが成立させられなくなり，経営の継続が危ぶまれる可能性が出てくるためです。

しかし，経営上のキーマンがいる場合は，M&Aを無事成立させるため，そしてM&A後の経営を円滑に進めるためにも，基本合意締結後など事前にM&Aを進めていることを話したほうがいいでしょう。また，経営者が経理周りに疎い場合には，デューデリの受入段階で資料の準備や経理関係の質問対応のために経理担当者へ開示することも検討する必要があります。

取引先については，取引先との継続取引がM&Aの最重要課題の場合は，買い手から，取引先による取引継続の事前承認などが最終譲渡契約書（SPA）でクロージングの前提条件とされる場合があります。しかし，できれば取引先にはクロージング後の開示にできるよう交渉することが望ましいです。

M&Aは重要な機密情報であるため，トップシークレットのまま進めざるを得ません。ただ，M&A後も経営をスムーズに進めていくためには，社員と取引先の協力は必要不可欠です。そのために必要なのが……

• クロージング後すみやかに説明すること

• 旧経営者，新経営者がそろって自らの口で直接説明すること

M&AアドバイザーはM&Aを成立させるだけが仕事ではありません。M&A後もつつがなく経営をしていくためのアドバイスを行うことも，M&Aアドバイザーの仕事なのではないでしょうか。

第 5 章

買い手と交渉して
M&Aをまとめよう！

　第4章では，会計事務所が顧問先からM&Aの相談を受けてから，買い手候補先を探すまでのフェーズについて，会計事務所がM&Aアドバイザリー業務を行ううえで必要不可欠なM&Aマッチングサイトの活用を前提にステップごとの説明を行いました。

　各買い手候補先からの意向表明をもとに候補先を1社に絞った後は，次のフェーズ「M&Aをまとめる」に移ります。1社に絞った買い手候補先との間でどのようにM&Aをまとめていくのか，そして最後無事に譲渡を果たすところまでの流れについて説明します。

　この章では，「M&Aをまとめる」フェーズにおける各ステップの説明を，第4章に引き続きオワリ機器を舞台にした石田税理士によるM&Aアドバイザリー業務を事例に説明していきたいと思います。

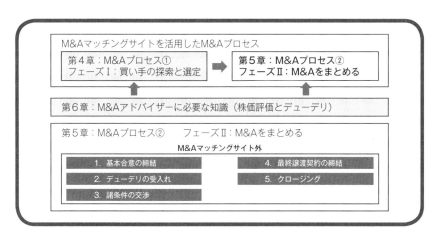

M&Aマッチングサイトを活用したM&Aプロセス

| 第4章：M&Aプロセス①
フェーズⅠ：買い手の探索と選定 | ➡ | 第5章：M&Aプロセス②
フェーズⅡ：M&Aをまとめる |

第6章：M&Aアドバイザーに必要な知識（株価評価とデューデリ）

第5章：M&Aプロセス②　　フェーズⅡ：M&Aをまとめる
M&Aマッチングサイト外

1．基本合意の締結	4．最終譲渡契約の締結
2．デューデリの受入れ	5．クロージング
3．諸条件の交渉	

1 M&Aを進めるうえでの基本的な条件の確認：基本合意を締結しよう！

　第4章の最後のステップである各候補先からの意向表明の確認の結果，石田税理士とオワリ機器の名古屋社長は，買い手候補先を浪速機器販売株式会社（以下，「浪速機器販売」といいます）に絞ることに決定しました。ここからは，オワリ機器と浪速機器販売とのM&Aを成立させるために，石田税理士はオワリ機器のM&Aアドバイザーとして交渉などを行うこととなります。

　ただ，その前に実施しておくべきことがあります。それは，浪速機器販売との間で「基本合意書（LOI）」を取り交わしておくことです。意向表明はあくまでも浪速機器販売による意向にすぎず，すべての条件を受け入れるかどうかは売り手側であるオワリ機器の判断によることとなります。M&Aを進めていくうえで合意した基本的な条件を明確化するためにも基本合意書（LOI）の作成は重要です。

　ここでは，基本合意書（LOI）の役割に加え，具体的な記載内容について説明していきたいと思います。

(1)　基本合意書が果たす役割とは

　基本合意書（LOI）とは，売り手，買い手双方がM&Aをより具体的に進めていくために作成する合意書となります。M&Aを結婚でたとえるならば，基本合意とは，婚約に位置づけられるといえます。

　基本合意の締結後は，ここで合意した条件を前提に，正式に両社協力し合いながら婚姻＝M&Aの成立に向けて交渉などを行うこととなります。そして，晴れて結婚することにお互い合意できたのであれば，婚姻届に該当する最終譲渡契約を締結することとなります。

　このように基本合意書（LOI）とは，「ここで決めた条件や決まりのもとで

M&Aを進めていきましょう」と売り手と買い手がお互いに合意する書類であり，「M&Aをまとめる」フェーズにおける指針ともいえます。

　基本合意書（LOI）はM&Aの過程において絶対必要な書類とまではいえませんが，以下のような機能や役割があるため，できるだけ作成したうえで，次のステップに進むことをお勧めします。

①　M&Aの意思の明確化

　基本合意書（LOI）の役割の１つとして，買い手のM&Aの意思を明確にすることができる点が挙げられます。

　基本合意書（LOI）には一般的に法的な拘束力はないといわれています。しかし，基本合意で締結した条件については，それを覆すだけの新たな情報や瑕疵が見つからない限り，その後の交渉においても一定の拘束力が働くというのがM&Aの実務となります。そのため，お互いのM&Aの意思を明確化し，確認し合うためにも基本合意の締結は重要といえます。

②　M&A実行の見極め機能

　次に，M&A実行における見極め機能を有するといわれています。

　基本合意書（LOI）にはM&Aの意思を明確化させる機能があり，これに押印するということは，この条件でM&Aをしていくという意思を示すことを意味します。そうなると，基本合意を締結できるか否かが，M&Aが可能かどうかの大きなハードルともいえます。このハードルを越えられない候補先であれば，その後本格的な交渉をしても時間の無駄となる可能性が高いともいえます。

　また，ここで決めた内容については，改めて最終譲渡契約書（SPA）で交渉などをしなくてもよくなるため，時間と費用の効率化にもつながります。

③　重要事項の方向性の確認

　最後に，重要事項の方向性の確認としての機能があるといわれています。

　売り手と買い手とが文書によりお互い合意する条件などを確認し合うことで，

重要な点について，相手の意図を誤解するリスクを回避できます。特に複数の買い手候補先から意向表明をもらい，そこから1社に買い手を絞る場合には，意向表明の内容を売り手が無条件に受け入れるというものではないため，この基本合意として改めて確認し合ううえでも大切となります。

(2) 基本合意書の記載内容

先ほど述べたように，基本合意書（LOI）は，M&Aを進めるにあたって必須とまではいえない書類です。そのため，記載すべき内容や項目にも決まりはなく，M&Aの案件ごとに変わります。

そのため，石田税理士は，親しい弁護士に相談しながら，浪速機器販売からの意向表明をもとに，基本合意書を作成しました。その基本合意書が図表5－1のとおりです。

この基本合意書（LOI）にも，M&A特有の条項や内容がいくつかありますので説明したいと思います。石田税理士は，M&Aアドバイザーとして，売り手側である名古屋社長はもちろんのこと，買い手候補先（もしくは買い手のM&Aアドバイザー）にも説明できるようにしておく必要があります。

① 第3条：譲渡価額

譲渡価額は，売り手・買い手両者にとって重要な条件であり，この合意がなされないままM&Aを進めるのは非常に危険であるため，当然合意すべき項目とされています。

ここで重要となるのが，あくまでも暫定的な譲渡価額であるという点です。買い手候補先である浪速機器販売は，これまで石田税理士から提供を受けた企業概要書（IM），基礎情報およびトップ面談で得た情報がすべて正しいものとして譲渡希望金額を算出しています。そのため，基本合意締結後に行われる本格的な買収調査であるデューデリの結果次第では，譲渡価額が変わる可能性があります。その譲渡価額を変えることができる余地を残すために同条のただし書以降の文言が記載されています。なお，この条項はどちらかというと買い手

【図表5-1】 基本合意書の例

基本合意書

　名古屋太郎（以下「甲」という。）及び浪速機器販売株式会社（以下「乙」という。）とは，甲の保有する株式会社オワリ機器（以下「対象会社」という。）の株式の乙への譲渡（以下「本件株式譲渡」という。）に関して，以下に記載した内容に基づき誠実かつ真摯に交渉及び協議を進めていくことを相互に確認をしたので，ここに基本合意書（以下「本合意書」という。）を締結する。

第1条（株式譲渡・譲受）
　乙は，対象会社の発行済全株式500株（以下「本件株式」という。）を取得する意向であり，甲は，本件株式のうち500株全ての株式を保有しており，これを乙に譲渡する意向である。

第2条（譲渡日）
　乙は令和○年○月○日（以下「譲渡日」という。）までに本件株式を買い取るものとする。なお，手続の必要に応じ，甲乙協議の上譲渡日を変更することができるものとする。

第3条（譲渡価額）
　本件株式の譲渡価額は，合計83,000,000円（以下，合計金額を「譲渡価額」という。）とする。但し，第4条に定めるデュー・デリジェンスの結果を踏まえ，甲乙協議の上譲渡価額を変更することができるものとする。なお，退任する取締役に対して役員退職慰労金を支給する場合は，譲渡価額より当該役員退職慰労金を差し引いた金額を譲渡価額とする。

第4条（デュー・デリジェンス）
　①　乙は，本合意書の締結後速やかに，乙の費用負担において，乙自ら及び乙の指定する者により，対象会社の法務，財務，ビジネス等のデュー・デリジェンス（以下「本件DD」という。）を実施する。
　②　甲は，責任をもって対象会社をして本件DDの実施に協力せしめる。
　③　甲及び乙は，本件DDの円滑な実施のため，相互に協力する。

第5条（スケジュール）
　①　甲及び乙は，以下に定めるスケジュールを円滑に実行するため相互に協力する。
　　a）デュー・デリジェンス
　　　本件DDにおける現地での調査は，6月下旬に実施する予定とする。
　　b）最終契約締結日
　　　最終契約令和○年○月○日を目途として締結する。

　c）株式譲渡日

　　最終契約の定めに基づく甲から乙への本件株式の譲渡及び乙から甲への本件株式の対価の支払は，令和○年○月○日とする。なお，手続の必要に応じ，甲乙協議の上譲渡日を変更することができるものとする。

②　前項に定める事項は，必要に応じ甲乙協議の上変更することができるものとする。

第6条（役員の処遇等）

　乙は，譲渡日以降遅滞なく，対象会社をして臨時株主総会を開催せしめ，乙の指名する者を取締役としてそれぞれ選任する決議を行う。取締役の処遇等については最終契約締結日までに別途甲乙協議して決めるものとする。なお，甲への役員退職慰労金の支給金額及び内容等については，甲乙間で誠実に協議し，最終契約書において定めるものとする。

第7条（従業員の処遇）

　乙は，譲渡日以降当分の間は，対象会社の従業員（パートタイマー等を含む。）の雇用を維持し，譲渡日時点における対象会社における労働条件を実質的に下回らないことを保証する。

第8条（甲の処遇・譲渡後の支援）

　甲は，譲渡日をもって取締役を退任するものの，乙が対象会社の経営を行うにあたり，乙に対して対象会社の事業の引継ぎ及び経営における助言等の支援を行うものとする。なお，その引継期間は1年以内とし，その詳細の処遇等については最終契約締結日までに甲乙協議の上で決めるものとする。

第9条（保証の解除）

　乙は，対象会社の正当なる債務及び契約を担保するために負っている甲の保証債務について，乙の責任と負担において，譲渡日より3ヶ月以内に当該保証債務の解消のために必要な手続を行うものとし，同手続が完了するまでの間に，債権者から甲に対して保証責任の追及等がなされた場合には，全て乙の責任において処理するものとする。

第10条（独占的交渉権）

　甲は，本合意書締結日より令和○年○月末日まで乙以外の第三者との間で対象会社株式の処分又は対象会社の経営権が変更される可能性がある取引につき一切の交渉，合意，契約等を行わず，また対象会社をして同様の取引を行わせしめないものとする。

第11条（秘密保持）

　甲及び乙は，本件に関する情報（本合意書の内容及びその存在並びに本件株式譲渡についての検討・交渉についての事実を含む。）について，厳にその秘密を保持する。

第12条（事業運営）

　甲は，本合意書の有効期間中，対象会社をして，対象会社の財産状態又は将来の損益状況に重大な影響を及ぼす可能性のある行為（増減資，多額の投融資，従業員の賃金・給与の水準の大幅な変更等を含むが，これらに限らない。）を，乙の事前の承諾無くして行わせしめないものとする。

第13条（条件変更・解除）

　①　甲及び乙は，本合意書の有効期間中，本件株式譲渡の判断に影響を与え得る以下の事項のいずれかに該当する事由が生じた場合，甲乙協議の上，本合意書に定める条件を変更することができる。

　　a）対象会社の重大な法令違反の事実や本合意書締結日までに甲又は対象会社から乙に対して開示された事実以外の重要な事実が判明若しくは発生した場合

　　b）本合意書締結日までに甲又は対象会社から乙に対して開示された事実について，重大な変化・変更があった場合

　　c）天災地変その他不可抗力により，対象会社の経営内容や財産の状態に重大な変動が生じた場合若しくは本合意書の履行が著しく困難となった場合

　②　前項に定める条件の変更について甲乙間の協議が調わない場合には，甲又は乙は，相手方にその旨を通知することにより本合意書を解除することができる。

第14条（有効期間）

　本合意書は，以下の定めに該当する場合にはその効力を失う。但し，甲乙合意の上，これを延長することを妨げない。

　①　甲と乙の間で最終契約が締結された場合

　②　第13条「条件変更・解除」の定めに従い，本合意書が解除された場合

　③　甲と乙の間で令和○年○月末日までに最終契約が締結されなかった場合

第15条（費用）

　本合意書に定める事項を実施するために要する一切の費用は，特段の合意がない限り，各当事者の負担とする。なお，本件DDに関する費用は乙が負担するものとする。

第16条（合意管轄）

　本合意書に関する一切の裁判上の紛争については，名古屋地方裁判所を第一審の専属管轄裁判所とする。

第17条（誠意義務）

　甲及び乙は，本合意書締結後，最終契約の締結に向けて誠心誠意努力するものとする。

第18条（未規定事項）

　本合意書に規定なき事項又は本合意書の記載内容に疑義が生じた場合は，甲及び乙は誠意をもって協議の上，その取扱いを決定する。

> 　以上の合意の証として，本合意書2通を作成し，甲及び乙は記名押印の上，甲及び乙が本合意書原本を各1通所持する。
>
> 　令和○年○月○日
>
> 　　　　　　　　甲　愛知県○○市○○町○○丁目○○番○号○○マンション○○号
> 　　　　　　　　　　名 古 屋　　太 郎
>
> 　　　　　　　　乙　大阪府○○区○○○町○丁目○番○号
> 　　　　　　　　　　浪速機器販売　株式会社
> 　　　　　　　　　　代表取締役　和 泉　　肇

候補先を守るためのものといえ，売り手側には不要ですが，M&Aの実務では基本合意書（LOI）に必ず入れる条項として，理解しておく必要があります。

②　第5条：スケジュール

　買い手候補先が決まったのであれば，そこからはできるだけ早くM&Aを進めることが必要となります。そのためにも，少なくとも，デューデリ，契約締結日，株式譲渡日（クロージング日）の3つについては時期を明確化し，買い手側にそのスケジュールで進められるよう協力してもらう必要があります。

　なお，契約締結日と株式譲渡日を別日にする理由については，「5　M&A完了の儀式を執り行う：クロージング業務でM&Aを成立させよう！」をご参照ください。

③　第6条～第8条：処遇等

　役員や従業員の処遇については，お互い一定の合意ができていれば記載することが一般的です。

　オワリ機器の場合には，M&A成立と同時に名古屋社長が役員を退任すること，引継期間は1年とすることについては，お互い合意ができているため，ここで記載をしています。なお，退任時に支給する役員退職慰労金と引継期間に

おける処遇や報酬についてはこの時点で決めていないため，「別途協議」という形としています。

④　第9条：保証の解除

　中小企業の場合，金融機関からの借入などについて，代表取締役が連帯保証をしている場合が少なくありません。M&A後，当然買い手に所有権も経営権も移ることを考えると，M&A成立により連帯保証を解除してもらうことは売り手にとって重要な条件項目といえます。

　本来であれば，譲渡日時点でこの連帯保証を解除しておきたいところですが，金融機関へのM&Aの情報開示の時期によっては，保証の解除や変更ができない可能性があります。そのため，譲渡後一定期間内で連帯保証を解除・変更する義務を買い手に負わせるための条件をここで記載しています。

　ただし，小規模のM&Aで買い手候補先が個人や資本力がない会社の場合には，M&A成立後連帯保証の解除ができない場合も想定されます。このような場合には，M&A成立前に金融機関等と連絡をとり，連帯保証の引継ぎの確約をとっておくなどの対応が必要となるので留意してください。

　なお，金融機関からの借入がない場合であっても，事務所の賃借やリース契約などで連帯保証をしている場合があるので，この条項はできれば入れておくことをお勧めします。

⑤　第10条：独占的交渉権

　独占的交渉権とは，M&Aのまとめ期間中において，他の候補先を排除して優先的かつ独占的に交渉ができる権利のことをいいます。

　買い手候補先にとっては，基本合意締結後の具体的な交渉過程においてデューデリ費用などのさまざまなコストを無駄にしないためにも，一定期間浮気をせずに，自らとだけ交渉してもらうことが大切となります。そのため，買い手候補先は必ず基本合意時にこの独占的交渉権を要求することになります。

　しかしながら，買い手候補先の要望を無条件に受け入れると売り手に不利に

なる場合があるので注意が必要です。買い手候補先が慎重かつゆっくり交渉などを進めたい場合には，この独占的交渉権の期間を長く要望することとなります。売り手としては，この期間が長ければ長いほど，他の候補先と交渉することが困難となり，その分M&Aの成立が遅れることとなります。

このようなことから，独占的交渉権の設定期間は，この基本合意で締結したスケジュール期間（おおよそ2か月から3か月程度）としていることが一般的だと思われます。

⑥　第12条：事業運営

M&Aのまとめ期間中に売り手企業の財政状態や損益状況に大きな影響を与えるような行為に関しては，買い手に事前の了承を得ない限り実行できないことを定めた条項です。

買い手候補先としては，基本合意までに提出を受けた資料に基づいて譲渡希望金額を設定しています。それにもかかわらず，基本合意後，重大な意思決定をされてしまっては，譲渡希望金額をはじめとする条件が大きく崩れてしまいます。こういった事態を避けるためにも，売り手にこのような義務を課すことで重大な意思決定を勝手にさせないことを約束させる必要があります。

売り手のM&Aアドバイザーとしてもこのような条項があることを十分理解したうえで，経営者に説明をしておく必要があります。そして，該当する可能性がある経営判断をする場合には，連絡をするよう経営者に伝えておくことがトラブルの防止につながります。

⑦　第13条：条件変更・解除

基本合意書は法的拘束力がないものとされていますが，双方の要求により自由に変更できるとしたら，あえてこの段階で合意する根拠が薄れてしまいます。

そこで，条件変更ができる理由を限定することで，基本合意書に沿った条件や内容に基づいてM&Aを進めることを文書化してお互いに同意させる条項を設けています。

2 買い手候補先からの調査を受ける： デューデリの受入準備をしよう！

　オワリ機器と浪速機器販売との間で正式に基本合意の締結にこぎつけた石田税理士としては，基本合意書（LOI）の第5条のスケジュール通りにM&Aを進めていく必要があります。

　売り手のM&Aアドバイザーとして石田税理士が次に実施しなければならないのが，「デューデリの受入れ」です。

　ここでは，オワリ機器に対して行われる各種デューデリの受入時の流れと売り手のM&Aアドバイザーとしての業務や留意事項などについて説明したいと思います。なお，M&Aにおいて実施されるデューデリについては，第6章の「3　デューデリって何をやるの？」で詳細に説明していますので，ご参照ください。

(1)　デューデリ受入時の流れと受入体制

　デューデリ（デューデリジェンス（DD））とは，M&A実行に先んじて行われる調査（財務・税務・法務など）のことをいいます。デューデリは，基本合意締結後に実施される本格的な調査として，買い手候補先から売り手に対して行われるものとなります。売り手のM&Aアドバイザーとしては，売り手企業に対して行われる調査のための準備や対応を行うことが求められます。

　図表5－2は，一般的なデューデリ受入時の流れを示したものとなります。

【図表５－２】デューデリ受入時の流れ

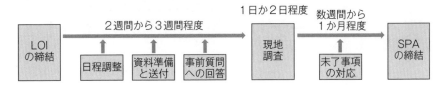

デューデリは，一般的に買い手候補先が選定した専門家（公認会計士，税理士，弁護士など）が実施します。調査内容は，売り手企業の規模や事業によっても異なりますし，買い手候補先がどのような調査をしたいのかによっても異なります。そのため，売り手のM&Aアドバイザーとしては，買い手の要望を受け止めながら，行われるデューデリをコントロールする必要があります。

デューデリは，各専門家から多くの資料が要求され，それに対して質問の回答が求められます。この資料準備や質問対応は売り手の経営者にとって非常に負担になることが多いです。場合によっては，このデューデリの負担の多さや不満からM&Aを途中でやめてしまうこともあります。売り手のM&Aアドバイザーとしては，少しでも経営者の負担を軽くすることも大切な業務の１つといえます。

この資料の準備の際に役立つのが，顧問税理士という立場です。資料の準備は，M&Aを進めていることを従業員に知られないためにも，経営者自ら行わなければなりません。しかし，細かな情報や資料がどこにあるのか経営者は知らないことが多いですし，すべてを準備するには非常に労力がかかります。このような場合，顧問先の会社であれば，経理や総務に対して顧問税理士という立場で資料をお願いすることも可能となります。会計事務所でM&Aアドバイザーと税務担当者が分かれている場合には，税務担当者の協力のもとに資料準備を進めることが経営者の負担の軽減につながります。

(2)　デューデリ受入れの各場面で実施することや留意点

①　日程調整

　基本合意を締結したら，まず実施すべきことはデューデリ実施の日程調整となります。日程調整の際には，以下のことを考慮する必要があるため，基本合意書のスケジュールは比較的余裕を持った日程としておくことが望ましいです。

- 現地での調査が必要な場合には，従業員への秘匿性の観点から調査が実施できる日程が土日祝日や夕方以降に限定される。
- 買い手側がデューデリを行う各専門家を選定する時間と選定された各専門家との日程調整が必要となる。
- 調査に先立ち，各専門家から調査に必要な資料一覧が送られてくるため，その資料を準備できる日程を確保しておく必要がある。

　これらのことを総合的に考えると，基本合意の締結から現地の調査までは少なくとも2週間から3週間程度空けることが望ましいと思います。

②　資料準備と送付

　デューデリの受入れで最も大変なのが資料の準備と送付の業務です。

　先ほども述べたとおり，買い手の専門家から要求された資料は，売り手の経営者とM&Aアドバイザーのみで準備するのは非常に困難です。そのため，一般的なM&Aの場合は，顧問をしている会計事務所を巻き込んで準備することとなります。特に顧問先から信頼の厚い会計事務所ほど，デューデリの受入時に協力をしてもらっていることが多いように見受けられます。

　この時点での資料の準備の負担を軽減する方法としては，買い手候補先を選定している間に，デューデリにおいて必要と思われる資料をあらかじめ準備しておくことが考えられます。買い手候補先がどのような視点でデューデリを行うのかを予測しながら事前に準備をしておくのです。

　準備できた資料や情報は，現地調査までに用意するのではなく，用意できた

ものから順次各専門家に郵送もしくはメールで送付してください。そして，事前に資料に目を通すなどして準備してから現地調査に臨むよう各専門家に依頼することで，現地調査での負担を軽減することが可能となります。

③　事前質問への回答

現地調査までに要求された資料を各専門家が検討することで，追加の資料依頼や質問がなされることがあります。デューデリには複数の専門家が関与する可能性があることから，売り手のM&Aアドバイザーとしてこれらの追加資料依頼や質問のステータス管理を行うことが求められます。

このステータス管理で役に立つのが，基本合意前の買い手候補先からの追加質問対応で利用した「Q&Aシート」です。M&Aの実務においては，このデューデリ実施期間中もこれを用いて買い手候補先とやりとりを行っています。

なお，各専門家からの事前の質問への回答は，原則売り手の経営者自ら行う必要があります。ただ，すべての質問に対して，Q&Aシートに回答を記載するのは，経営者にとってかなりの負担です。そこで，売り手のM&Aアドバイザーが経営者に口頭で質問して，その回答をM&AアドバイザーがQ&Aシートに記載することで少しでも売り手の経営者の負担を軽減することも検討してください。このように売り手の経営者の負担を軽減し，スムーズにM&Aを進めることもM&Aアドバイザーの役割の１つといえます。

④　現地調査

(i)　現地で調査を行うことのメリット・デメリット

現地調査とは，売り手の会社で行う調査のことをいいます。デューデリで現地調査を行うことは，メリットもあれば，デメリットもあります。

現地調査を行うメリットは，現地での調査の過程で求められた資料をその場で提供できる点です。違う場所で調査を行う場合には，その準備に一定の時間を要し，それだけデューデリに時間がかかることとなります。

一方，デメリットとしては，従業員への秘匿性の観点から現地での調査日程

が非常に限定される点です。会社の休業日（土日祝日など）もしくは就業時間が終わった後などに限定されます。日程調整が難しい場合などは，別の場所（M&A アドバイザーの事務所や会社など）で実施することもあります。

　以上のようにメリットとデメリットがあるため，売り手の M&A アドバイザーとしては，売り手企業の調査対応状況と買い手候補先の専門家からの要望を踏まえ，調査場所を決定する必要があります。

(ii)　**参加するメンバー**

　売り手側として立ち会う現地調査には，経営者と M&A アドバイザーに加え，顧問税理士が参加するケースが多くあります。特に経理担当者に M&A を進めていることを秘密にしている場合には，経理関係の概要がわかる顧問税理士へのヒアリングが求められることになります。会計事務所が M&A アドバイザリー業務を行う優位性はこのような点にもあるのです。

　このほか，買い手側の調査内容や要望によって，キーマンと呼ばれる事業運営上必要不可欠な人物へのヒアリングや経理担当者へのヒアリングが求められることがあります。このような場合には，まず売り手の経営者と相談し，キーマンおよび経理担当者へ会社の売却を検討している事実を伝えたうえで，参加させるか否かを検討します。

(iii)　**現地調査をコントロールするのも売り手の M&A アドバイザーの業務**

　デューデリでは，売り手と買い手だけでなく，さまざまな専門家が関与することとなります。関与する人数が多い場合には，M&A の秘匿性の観点から，デューデリ実施におけるルールなどをまとめた「DD の実施要領」といった書類を作成することがあります。小規模の M&A の場合には，わざわざ作成する必要性はありませんが，メールなどで買い手候補先や買い手の M&A アドバイザー，各専門家に一定のルールを伝えることでデューデリを円滑に進めることも売り手の M&A アドバイザーの大切な業務となります。

【図表5－3】 現地調査のルールとポイント

決めておく項目	ポイント
調査日程と時間	小規模のM&Aの場合，現地調査は1日もしくは2日程度で，時間は9時半から17時くらいが一般的。
参加者の特定と人数制限	誰が現地調査で参加するのかは事前に把握しておく必要がある。 売り手側の対応者は限定される一方，デューデリで調査する人数を無制限に認めると対応しきれなくなるため，あらかじめ人数を限定しておくことも必要。
ヒアリング時間の調整	売り手の経営者および参加者への質問の時間をあらかじめ設定しておく。 調査時間中ずっと現地にいる必要性はなく，また，日常業務にも差し支えるため，売り手と買い手のM&Aアドバイザー同士で調整をしておくことが望ましい。

⑤　未了事項の対応

　現地調査だけですべての調査が終わらない場合には，買い手候補先がOKというまでデューデリは続くこととなります。

　現地調査後のやりとりは，前述した「Q&Aシート」を使って行うことが一般的です。ただし，売り手側の資料の準備不足や未実施事項が多い場合には，追加で現地調査や経営者への直接ヒアリングを求められることがあります。

　売り手側のM&Aアドバイザーとしては，できうる限り現地調査でそのほとんどの作業が終えられるように準備などを行うことが，その後のM&Aスケジュールを遵守する意味でも望ましいでしょう。

3 M&Aで交渉する諸条件： 最終的な条件を確定させよう！

　石田税理士は，週末の土日を使ってオワリ機器本社にて，浪速機器販売によ
る財務および法務のデューデリの受入れを行いました。石田税理士がオワリ機
器の税務担当も兼ねていたこと，M&Aの準備段階で必要と思われる資料の大
部分をすでに用意していたこともあり，経理担当者へM&Aの事実を開示する
ことなく，資料の準備もできました。

　デューデリが終わったら，最終的な譲渡契約書の締結に向けて，買い手であ
る浪速機器販売のM&Aアドバイザーである株式会社TOKUGAWAコンサル
（以下，「TOKUGAWAコンサル」といいます）を通じてさまざまな条件を詰
めていく必要があります。

　ここでは，デューデリの結果を受けたうえで，最終契約に向けて買い手先と
の間で決めていかなければならない諸条件について説明したいと思います。

(1)　役員退職慰労金を確定しよう

　事業承継型のM&Aの場合，現在の経営者はM&Aの実行時もしくは引継期
間終了時に役員を退任することが一般的です。その際，多くの場合は，役員退
職慰労金を支払うこととなります。

　非上場会社の決算書には，役員の退任時に支給する予定の「役員退職慰労引
当金」が計上されていません。また，どの程度支給するのかについては，買い
手候補先との協議のうえ決めることが多いです。そのため，M&Aを検討して
いる段階では，明確な役員退職慰労金の水準を決めていないケースがほとんど
です。

　役員退職慰労金の支給額は，株式の譲渡価額に大きな影響を与えることから，
M&Aアドバイザーとして一定の理解が必要となります。なお，税務上におけ

る役員退職慰労金の支給限度額や支給の要件などについては，別途さまざまな書籍等で説明がなされていることから，ここでは割愛します。

①　株式譲渡価額と役員退職慰労金の関係

非上場会社におけるM&Aの場合，株式譲渡価額と役員退職慰労金は図表５－４のような関係にあります。

【図表５－４】役員退職慰労金

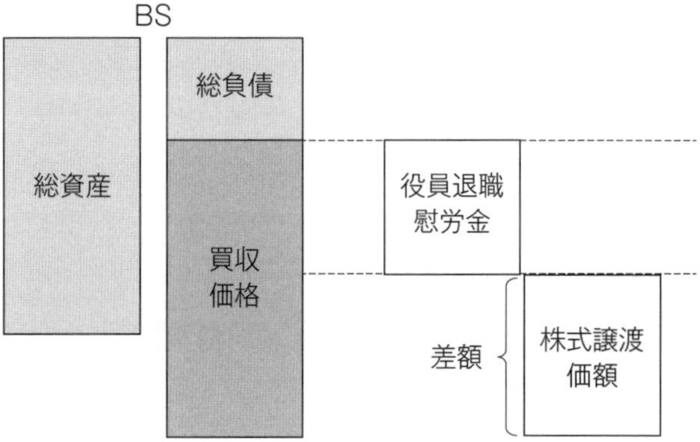

役員退職慰労金の支給予定額を加味せずに非上場会社の株式の価値を一旦評価し，そこから役員退職慰労金の支給額を控除することで最終的な株式の譲渡価額を決めることとなります。この関係を前提とすれば，役員退職慰労金を増やせばその分株式譲渡価額が減少することとなります。

M&Aの実務においては，基本合意時にこの役員退職慰労金支給額が売り手と買い手の間で合意されていれば，この支給予定額を明記します。もしその時点で決まっていない場合には，前述の基本合意書（LOI）の第３条にあるように「本件株式の譲渡価額は，合計83,000,000円とする。（中略）なお，退任する取締役に対して役員退職慰労金を支給する場合は，譲渡価額より当該役員退職慰労金を差し引いた金額を譲渡価額とする。」という記載で対応することが一般的です。

②　複数の株主がいる場合の留意点

　株式が分散しており，役員以外の株主が存在する場合には，退職慰労金の支給額には留意が必要となります。

　たとえば，以下のようなケースで考えてみたいと思います。

- 株主は4名（A，B，C，D氏）。それぞれ25％ずつ株式を保有
- 役員は株主4名の中の1名A氏のみ。M&Aを契機に退任を予定
- 役員退職慰労金支給前の株式価値総額は40,000千円
- 役員退職慰労金が20,000千円の場合と5,000千円の場合のA氏とそれ以外の株主の手取額（税金考慮前）は？

　役員退職慰労金が20,000千円の場合，最終的な株式売買価額は40,000千円から20,000千円を控除した20,000千円です。株主4名が25％ずつ保有していることから，1人当たりは5,000千円です。結果として株主それぞれが得た金額は，A氏が25,000千円，その他の株主は5,000千円ずつとなります。

　一方，役員退職慰労金が5,000千円の場合，最終的な株式売買価額は35,000千円で，株主1人当たりは8,750千円です。その結果，A氏が13,750千円，その他の株主が8,750千円ずつとなります。

　このように役員退職慰労金の支給額を多くすれば，それだけ株価は小さくなり，その他の株主の手取額が少なくなります。

　非上場会社のM&Aは，そのほとんどで100％の株式取得が求められます。一部の譲渡ができない場合には，M&A自体が成立しない場合もあります。株式が分散しているときは，この分散している株式を確実に集約する必要があります。そのためにも，支給すべき役員退職慰労金額に正当性を持たせ，他の株主へ説明できるようにしておくことが売り手のM&Aアドバイザーとして極めて重要となります。

③　支給額を決定する際に考慮すべき事項

　では，役員退職慰労金の水準として，どの程度がふさわしいのでしょうか？

　支給すべき金額水準は，会社の状況や役員の勤続年数などによって当然影響を受けるため一概にいえません。その一方で，税務上の支給限度額での支給がM&Aにおける退職慰労金としてふさわしいとは必ずしも言い切れません。

　M&Aを行うということは，その後も会社は継続して運営されることを意味します。そのため，譲渡対象会社に役員退職慰労金を支給するだけの十分な生命保険の解約金や余剰資金がない場合には，限度額まで支給すると，事業の継続性に支障をきたす可能性があります。

　その一方で，退職金の支給額を増加させれば，買い手候補先が株式取得で支払うべき金額はその分減少します。M&A実行時における株式取得にかかる資金を抑えたいような場合には，支給できる範囲内で退職金を引き上げると買い手の一時的な負担は少なくなるともいえます。

　このように役員退職慰労金の水準は，売り手の思いのみではなく，M&Aで引き渡した後の経営のこと，買い手側の買収資金のことも考慮に入れて決定していく必要があります。

＊

　石田税理士は，名古屋社長とも協議し，退任時における役員退職慰労金は保険積立金の解約返戻金相当である30,000千円としたいと考え，買い手のM&AアドバイザーであるTOKUGAWAコンサルを通じて浪速機器販売に確認した結果，同意が得られたため，当該金額で進めることとしました。その結果，株式の売買価額は53,000千円（＝LOI時の譲渡金額83,000千円－役員退職慰労金30,000千円）となりました。

（補足）

　役員の就任年数が長く，役員報酬を比較的多くもらっている代表取締役の場合，税務上の役員退職慰労金の限度額は1億円以上となることも珍しくありません。M&Aの場合も，限度額で支給することも可能ですが，1億円を退職金として支払うと株式の譲渡金額を加味した経営者の手取額

は小さくなる可能性があります。譲渡金額と退職金の手取額が一番多くなるのは，実は，退職慰労金の水準が30,000千円から35,000千円程度のケースのはずです。このことと解約予定の役員保険積立金の含み益の両方を頭に入れながら，役員退職金の支給水準を決めていき，買い手，売り手ともに納得感の得られる水準とすることが望ましいと考えます。

⑵　M&A後のオーナーの処遇を決めよう

　事業承継型のM&Aの場合，売り手の社長のほとんどが経営者兼株主です。そのため，会社の規模が小さくなればなるほど，会社の経営全般にわたって経営者への依存度が高くなる傾向にあります。そのため，買い手候補先としては，経営者の有するさまざまなノウハウの引継ぎはもちろんのこと，取引先や従業員との良好な関係が築けていない段階で経営者に退かれると，その後の企業経営に支障をきたすのではないかと不安に感じるはずです。

　そのため，事業承継型のM&Aの場合，買収後の一定期間，旧オーナーが関与することが求められることがほとんどです。なお，業務の引継期間としては半年から1年程度が一般的ですが，依存度が高いような場合には，数年にわたる関与を買い手候補先から求められる場合もあります。

　この引継期間については，いくつか留意する点があります。

　まず，売り手のM&Aアドバイザーとしては，譲渡後の雇用条件（年数，役職，月額報酬など）については，あいまいにするのではなく，最終譲渡契約書（SPA）に明記，もしくは最終譲渡契約と同時に顧問契約などの契約ができるように交渉を行うことが望ましいです。

　次に，契約の期間については，両者の話し合いにより延長も短縮もできるような形をとることが望ましいでしょう。M&A実行後，売り手の経営者と新たに来た買い手側の経営者との間で経営の考え方などがぶつかり，トラブルになるケースは少なくありません。このような場合，両者の話し合いで引継期間を短縮できるようにしておくことがトラブル防止にもつながります。

*

　名古屋社長の待遇は，基本合意書（LOI）で「M&A実行時に役員退任＋引継期間1年間」で合意できているため，石田税理士はこの条件通りでよいか再度確認したところ，OKとの連絡を受けました。

　なお，引継期間中の報酬としては，月額350千円とすることで両者合意できたため，この条件を最終譲渡契約書（SPA）に反映することにしました。

(3)　会社利用の個人保有不動産の取扱いを決めよう

　非上場会社の場合，相続税対策などの観点から会社利用の不動産を経営者個人で保有していることがあります。たとえば，本社ビルは会社で保有する一方，土地は経営者が個人で保有しており，会社から賃貸料を収入としてもらっているなどです。

　M&Aを進めるうえで，このような個人保有・会社利用の不動産をどうするのか判断を求められる場合があります。つまり，引き続き賃貸するのか，M&Aと同時に売却するのかです。売り手のM&Aアドバイザーとしては，ともにメリット・デメリットがあることを経営者に伝え，売り手側の希望を買い手先に伝え，買い手と交渉を行うことが求められます。そのためにも，メリット・デメリットを理解しておくことが必要です。

①　引き続き賃貸する場合

　メリットとしては，売り手の経営者は，株式譲渡後も賃貸料収入という形で引き続き安定した収入が得られる点です。

　デメリットとしては，譲渡時の賃貸契約が終了した時点で，本社移転などで引っ越しをしてしまい，新たな賃借人を探さなければならない可能性がある点です。

②　譲渡時に売却する場合

　メリットとしては，株式譲渡と同時に売却交渉ができ，売却先探しの手間や

時間などを省くことができる点です。

　デメリットとしては，税金面では賃貸不動産として保有していたほうが有利な場合が多いのと，買い手としては株式譲渡金額に加え，不動産取得のための資金も必要となってしまう点です。

　個人保有・会社利用不動産がある場合には，どちらのケースであったとしても，最終譲渡契約書（SPA）とは別に契約書（賃貸借契約書もしくは不動産売買契約書）を作成することとなりますので，その手配なども売り手のM&Aアドバイザーの業務として必要となります。

＊

　オワリ機器は，土地は自社保有であるものの，本社工場の建物は名古屋社長の個人所有であるため，石田税理士はこの本社工場の譲渡後の取扱いについて名古屋社長と協議することとしました。メリット・デメリットを説明したところ，名古屋社長としては特段強い希望はなく，浪速機器販売の希望通りで構わないということでした。

　この名古屋社長の意向をTOKUGAWAコンサルを通じて浪速機器販売に確認した結果，引き続き賃貸借としたいという希望があることが確認できたため，その方向で進めることとなりました。なお，名古屋社長とオワリ機器との間ではこれまで賃貸借契約書が作成されていなかったため，この株式譲渡を契機に新たな「賃貸借契約書」を作成することとしました。

4 契約書を取り交わす：最終譲渡契約を締結しよう！

　デューデリも一段落し，基本合意書（LOI）で明確化されていなかった名古屋社長への退職金と譲渡後の処遇，そして社長保有の不動産の取扱いについても買い手との間で条件が整いました。

　M&Aアドバイザーとして残された業務もあと少しです。ただその前にM&Aで最も大切となる最終譲渡契約の締結を行わなければなりません。M&Aは売り手と買い手の契約に基づき実行します。基本合意書（LOI）は法的な拘束力はないとされていますが，この最終譲渡契約書（SPA）には法的な拘束力が当然にあるため，ここで失敗するとM&A実行後に大きなリスクを残すこととなります。

　ここでは，最終譲渡契約書（SPA）の主な内容の解説に加え，デューデリの結果をどのように契約書に反映していくのかについて説明したいと思います。なお，M&A実務で最終譲渡契約書（SPA）の作成や買い手との交渉を行う場合には，法律の専門家にアドバイスやレビューをしてもらうことをお勧めします。

(1)　最終譲渡契約書の内容を理解することの重要性

　最終譲渡契約書（SPA）とは，その名のとおり，売り手と買い手が最終的に締結する譲渡契約書をいいます。結婚でたとえると，前述した基本合意が婚約であれば，最終譲渡契約は婚姻に位置づけられるといえます。

　重要な条件などは基本合意書（LOI）で合意がなされていますので，原則的にこれらの条件などは最終譲渡契約書にも引き継がれます。しかし，基本合意締結後に行われたデューデリにおいて，基本合意までに開示されていた情報の誤りや，それまで判明していなかったリスクなどが新たに判明した場合には，

合意していた基本条件も変更される場合があります。また，基本合意書（LOI）では決めていなかったような条件を新たに最終譲渡契約書（SPA）で明記することとなります。

　日本の結婚の場合には，結婚に際しての条件や決め事をわざわざ書面にするケースは稀だと思いますが，M&Aの場合はそれらを細かに決めた最終譲渡契約書（SPA）を必ず結ぶ必要があります。最終譲渡契約の締結をせずともM&Aを成立させることはできますが，M&A成立後の思わぬトラブルに巻き込まれることがあります。このようなトラブルを避け，売り手を守るためにも，最終譲渡契約は必ず締結するようにしてください。

　なお，最終譲渡契約書（SPA）は，「契約書だからすべて弁護士の先生に任せよう」と考える方もいらっしゃるかと思います。たしかに，最終的には弁護士からアドバイスやレビューを受けることは必要だと思いますが，売り手の経営者に契約書にどのような内容が記載されているのかを説明するのもM&Aアドバイザーの業務です。また，買い手候補先と契約書のやりとりや交渉を行うのはM&Aアドバイザーの業務ですが，これらを行うためには，各条項がどのような意味を持つのかをある程度理解しておく必要があります。

　私が以前所属していた大手監査法人系のM&Aアドバイザリー会社では，M&Aアドバイザーの基礎研修の大半がこの最終譲渡契約書（SPA）の内容についてでした。会計事務所は法律の専門家ではないため，はじめは理解するのに少し戸惑いもあるかと思いますが，M&Aアドバイザーとして求められる最低限の知識だと理解してください。

(2)　最終譲渡契約書の内容

　M&Aの案件が1件1件異なるように，そこで作成される最終譲渡契約書（SPA）も全く同じものは世の中に存在しません。ただし，M&Aという特殊な経済事象に関する契約書であるため，共通して記載が求められる条項があります。

　ここでは，M&Aアドバイザーである石田税理士が，親しい弁護士のアドバ

イスを受けながら作成した図表5－5の最終譲渡契約書（SPA）の主な条項の
内容を説明したいと思います。最終譲渡契約書（SPA）は，基本合意書（LOI）
の内容を引き継ぐため，基本合意書（LOI）で説明した内容はここでは割愛し
ます。

　なお，本書はあくまでも会計事務所がM&Aアドバイザリー業務を行うため
のものであり，私自身法律の専門家ではないため，条項の趣旨や簡単な内容説
明にとどめることとします。最終譲渡契約書（SPA）について詳細かつ体系的
に理解したいという方は，法律の専門書などをご覧いただきたいと思います。

① **第7条：前提条件**

　M&Aは買い手と売り手がともに義務を果たしてはじめて成立します。具体
的にいうと，買い手は売り手に譲渡代金を支払う義務，売り手は買い手に株主
名簿の名義を買主に変更する義務を負います。

　しかし，無条件にこの義務をそれぞれに課すと，M&Aという性質上多大な
るリスクが伴うため，一定の前提条件を満たしたときにはじめて前述の義務を
それぞれ負うとしたものがこの条項です。

　表明保証に基づくもの（1号）と契約に基づくもの（2号）については一般
に最終譲渡契約書（SPA）に記載されることが多い文言です。一方，買い手の
義務履行の前提条件である3号は，M&Aにおける重要書類を売り手が買い手
に提出することが記載されています。ここでは，経営権が正式に売り手から買
い手に移ることを補完する書類が列挙されています。なお，列挙すべき書類は
その会社の組織体系によって変わりますので，注意が必要となります。

　なお，この前提条件は，少しでも違った場合，M&Aが成立しないこととな
る可能性もあるため，各々の裁量によって，この前提条件を破棄できるという
文言を記載しています。

【図表5-5】株式譲渡契約書の例

株式譲渡契約書

　名古屋太郎（以下「売主」という。）と浪速機器販売株式会社（以下「買主」という。）は，売主が保有する株式会社オワリ機器（本店所在地：愛知県名古屋市〇〇区〇〇丁目〇〇番〇号，以下「対象会社」という。）の発行済全株式の売主から買主への譲渡（以下「本件株式譲渡」という。）に関し，令和〇年〇月〇日に売主及び買主の間で締結された基本合意契約に基づき誠実かつ真摯に交渉及び協議を進めてきた結果，以下のとおり最終的な合意に至ったので，ここに株式譲渡契約（以下「本契約」という。）を締結する。なお，別紙も本契約の一部をなすものとする。

第1条（譲渡の合意）
　売主は，本契約の規定に従い，第2条に定める譲渡日をもって，第3条に定める，保有する対象会社の発行済株式の全部（以下「本件株式」という。）の譲渡価格の受領と引き換えに本件株式を買主に譲渡し，買主は，これを譲り受けるものとする。

第2条（譲渡日）
　本件株式の譲渡日（以下「譲渡日」という。）は，令和〇年〇月〇日とする。なお，手続の必要に応じ，売主及び買主が合意の上，譲渡日を変更することができる。

第3条（譲渡価額）
　本件株式の価額は，1株当たり106,000円とし，売主が保有する本件株式の総額を金53,000,000円（以下「譲渡価額」という。）とする。

第4条（株式の譲渡方法）
　売主及び買主は，第7条に定める前提条件が全て充足されていること又は充足されていない前提条件の全てが放棄されていることを条件として，譲渡日に，別途合意する場所において，以下の行為を同時に行うことにより本件取引を実行するものとする。
①　買主は，売主に対して，譲渡価額を，第5条に定める方法によって支払うものとする。
②　売主は，買主に対して，本件株式の株主名簿上の名義を売主から買主に書き換えるために必要な売主の合意書を交付する。

第5条（譲渡価額の支払）
　買主は，譲渡日に，売主が指定する以下の口座に，譲渡価額を振込送金する方法により一括して支払うものとする。ただし，振込にかかる手数料は買主の負担とする。

株主名	銀行／支店名	種類／口座番号	名義人
名古屋太郎	〇〇〇銀行 〇〇〇支店	普通口座 XXXXXXX	名古屋太郎 （ナゴヤタロウ）

第6条（株式譲渡承認）

　売主は，譲渡日までに，対象会社の株主総会をして，本件株式譲渡による本件株式の買主による取得を承認させるものとする。

第7条（前提条件）

(1)　第4条に定める売主の義務は，以下の各条件の全てが成就していることを前提とする。ただし，売主は，その裁量により，かかる条件の全部又は一部の不成就を援用する権利を放棄することができる。なお，売主が前提条件のいずれかを放棄した場合であっても，買主は当該放棄がなされた条件に関連する買主の義務及び責任を免れない。

　①　第15条に規定する買主の表明・保証が本契約締結日及び譲渡日において全ての重要な点において真実かつ正確であること。

　②　買主が，本契約に基づいて譲渡日までに履行又は遵守すべき義務について，重要な点において履行又は遵守がされていること。

(2)　第4条及び第5条に定める買主の義務は，以下の各条件の全てが成就していることを前提とする。ただし，買主は，その裁量により，かかる条件の全部又は一部の不成就を援用する権利を放棄することができる。なお，買主が前提条件のいずれかを放棄した場合であっても，売主は当該放棄がなされた条件に関連する売主の義務及び責任を免れない。

　①　第15条に規定する売主の表明・保証が本契約締結日及び譲渡日において全ての重要な点において真実かつ正確であること。

　②　売主が，本契約に基づいて譲渡日までに履行又は遵守すべき義務について，重要な点において履行又は遵守がされていること。

　③　売主等は，(a)本件株式の譲渡承認に関わる対象会社の株主総会議事録の写し（原本証明付），(b)対象会社からの株式譲渡承認通知書の写し，(c)対象会社の株主名簿の写し（原本証明付），(d)第8条第2号に定める辞任届の写し，(e)売主の印鑑証明書，その他買主が必要と認める資料を買主に提出していること。

(3)　売主又は買主は，本条に規定する前提条件の全部又は一部を譲渡日までに充足できないおそれがある場合，直ちにその旨を書面により相手方（売主にとっては買主を，買主にとっては売主をいう。以下に同じ。）に対して通知する。

(4)　売主は，譲渡価額の受領と引き換えに，売主が発行する譲渡価額の領収書を，買主に対して引き渡す。

第8条（対象会社取締役の人事・処遇）

　売主及び買主は，対象会社の取締役の人事・処遇等について，以下の定めに従うものとする。

　①　買主は，本件株式譲渡の実行後遅滞なく，対象会社をして臨時株主総会を開催せしめ，買主の指名する者を対象会社の取締役として選任する決議を行う。

　②　前号に定める臨時株主総会の終了をもって，対象会社の取締役である売主は，対象会社の取締役を辞任するものとし，売主は譲渡日までにそれぞれの辞任届を対象会社宛に提出することとする。

　③　買主は対象会社をして，第1号に定める臨時株主総会において売主の退職慰労金の支給について決議し，かつ対象会社をして，譲渡日より1ヶ月以内に当該退職慰労金30,000,000円を第5条に示した売主の口座に支払わせしめるものとする。ただし，振込にかかる手数料は対象会社の負担とする。

第9条（対象会社従業員の処遇）

　買主は，原則として譲渡日以降当分の間は，譲渡日時点における対象会社の従業員（パートタイマー等を含む。）の雇用を維持し，譲渡日時点における対象会社における労働条件を実質的に下回らないことを保証する。

第10条（円滑な業務継続及び取引関係の承継）

　売主及び買主は，本件株式譲渡に際し，対象会社の主要な取引先との取引契約等の継続及びその他各種移行措置が，円滑に行われるよう相互に協力する。

第11条（保証の解除）

　買主は，対象会社の正当なる債務及び契約を担保するために負っている売主の保証債務について，買主の責任と負担において，譲渡日より3ヶ月以内に当該保証債務の解消のために必要な手続を行うものとする。なお，同手続が完了するまでの間に，債権者から売主に対して保証責任の追及等がなされた場合には，全て買主の責任において処理するものとする。

第12条（売主の処遇・譲渡後の支援・報酬）

⑴　売主は，譲渡日以降1年間（12ヶ月）は，対象会社の会長として留まり，対象会社の事業の引継ぎ及び経営における助言等の支援を行うものとする。

⑵　売主の会長としての報酬は，月額350,000円とする。

⑶　売主と買主の合意により，第1項の引継期間を延長若しくは短縮することができるものとする。

第13条（競業避止義務）

　売主は，本契約締結後10年間は，対象会社と競業関係に立つ業務を行わず，又は第三者をしてこれを行わせない。

第14条（善管注意義務等）

⑴　売主は，本契約締結日以降譲渡日までの間，本契約において別途企図されているか又は買主が別途書面で同意する場合を除き，対象会社をして，善良なる管理者の注意をもって，かつ，過去の業務と矛盾しない通常の業務の範囲内において，その事業を運営させるものとする。

⑵　売主は，本契約締結日以降譲渡日までの間，本契約において別途企図されているか又は買主が別途書面で同意する場合を除き，対象会社をして，対象会社を当事者とする合併その他の組織再編行為，定款変更，株式，新株予約権付社債その他株式若しくは株式を取得できる権利の発行，又は10,000,000円以上の借入若しくは担保設定その他対象会社の財産状態及び損益状況に大幅な変化をもたらすような行為又は本件株式譲渡の実行に重大な影響を及ぼしうる行為を行わせないものとする。

第15条（表明・保証）
(1) 売主は，買主に対し，本契約締結日及び譲渡日において，別紙１記載の事実が真実かつ正確であることを表明し保証する。但し，買主がその買収調査等により知ることとなった事実については表明保証の対象から除外されるものとする。
(2) 買主は，売主に対し，本契約締結日及び譲渡日において，別紙２記載の事実が真実かつ正確であることを表明し保証する。

第16条（損害賠償）
(1) 売主及び買主は，故意又は過失により本契約に違反し，これにより相手方当事者に損害が発生した場合，売主の譲渡価額を上限として，譲渡日後１年間に限り，相手方当事者に対して当該損害（第三者からの請求に基づくものを含み，また合理的な範囲での弁護士費用を含む。以下本条にて同じ。）を賠償する。但し，譲渡日後１年以内に損害賠償を請求した場合は，同期間経過後も賠償を受ける権利は存続する。なお，１件当たりの損害が1,000,000円を下回る場合には免責とする。
(2) 前項の規定にかかわらず，売主及び買主は，自らが行った表明及び保証が重要な点において真実でなく，不正確であることに起因して相手方当事者が被った損害については，売主の譲渡価額を上限として，譲渡日後１年間に限り，相手方当事者に対して当該損害を賠償する。但し，譲渡日後１年以内に損害賠償を請求した場合は，同期間経過後も賠償を受ける権利は存続する。但し，１件当たりの損害が1,000,000円を下回る場合には免責とする。
(3) 前２項の損害賠償又は補償の請求は，賠償又は補償の原因となる具体的な事実及び賠償又は補償を求める金額を合理的に記載した書面により行うものとする。

第17条（条件変更及び解除）
(1) 売主及び買主は，本契約締結日以降譲渡日までの間において，本件株式譲渡の判断に影響を与える次の各号のいずれかに該当する事由が生じた場合にのみ，売主買主間にて協議のうえ，本契約に定める条件を変更することができる。また，本契約に定める条件の変更について売主買主間の協議が調わない場合には，売主又は買主は，相手方にその旨を通知することにより本契約を解除することができる。
① 対象会社の重大な法令違反の事実や多額の簿外債務の存在の発露又は第15条に定める表明保証に重大な違反があった場合。
② 天災地変その他不可抗力により，対象会社の経営内容や財産の状態に重大な変動が生じた場合。
(2) 本契約が解除された場合においても，解除をした当事者は，前条に定める損害賠償の請求を行うことができるものとする。

第18条（機密保持義務）
(1) 売主及び買主は，本契約締結日から２年間，本契約の内容，本契約の締結及びその履行にあたり知り得た又は知り得る相手方の情報（一般に入手し得る情報及び公知の事実を除く。以下合わせて「本件情報」という。）を，厳に秘密として保持し，相手方の事前の書面による同意のない限り，これを第三者（官公庁，裁判所，弁護士，公認

会計士，税理士，その他法律上の守秘義務を負う専門家を除く。）に開示又は漏洩してはならない。

(2) 譲渡日までは売主が，譲渡日以降は買主が，対象会社をして前項の定めに従わせしめるものとする。

第19条（完全なる合意・本契約の変更）

本契約は，本件株式譲渡に関わる売主及び買主間における合意の全てであり，これに先立つ売主及び買主間の合意全てに置き換わるものである。また，本契約に定める事項については，売主及び買主間の書面による合意のない限り変更し得ないものとする。

第20条（費用）

売主及び買主が，本契約の締結，本件株式譲渡の実施，その他本契約上の義務を履行するために負担した一切の費用（弁護士，公認会計士及び税理士等の専門家に対する報酬及び費用を含む。）については，特段の合意がない限り，各当事者の負担とする。

第21条（通知）

本契約に従い，各当事者が行う通知はいずれも書面によるものとし，その効力は相手方に到達されたときに発生する。

第22条（準拠法及び合意管轄）

本契約の準拠法は日本法とし，本契約に関する一切の紛争については名古屋地方裁判所を第一審の専属的合意管轄裁判所とする。

第23条（譲渡禁止）

売主及び買主は，相手方当事者の事前の書面による同意なくして，本契約上の当事者たる地位，本契約に基づく権利又は義務の全部又は一部について，譲渡，移転，負担の設定その他の処分を行うことはできない。

第24条（未規定事項）

本契約に定めのない事項又はその解釈に疑義が生じた事項については，売主及び買主間で誠意をもって協議の上，その解決を図るものとする。

以上の合意の証として本株式譲渡契約書3通を作成し，売主及び買主記名押印の上売主及び買主が本契約書原本を所持する。

令和○年○月○日

　　　　　　　売主
　　　　　　　　愛知県○○市○○町○○丁目○○番○号○○マンション○○号
　　　　　　　　名　古　屋　　太　郎

　　　　　　　買主
　　　　　　　　大阪府○○区○○○町○丁目○番○号
　　　　　　　　浪速機器販売　株式会社
　　　　　　　　代表取締役社長　和　泉　　肇

売主の表明及び保証

（売主に関する事項）

(1) 対象会社は，日本法の下で適法に設立され，有効に存続する株式会社であり，本契約を締結し，履行するために必要な権限及び機能を有しており，そのために必要な法令，定款，その他社内規則上必要とされる一切の手続を履行していること。

(2) 売主による本契約の締結及び履行は，売主及び対象会社に適用のある法令等に違反するものではなく，売主及び対象会社が当事者となっている重要な契約等に抵触するものではないこと。

(3) 対象会社の発行済株式総数（自己株式を除く。）は500株であり，売主が，これらを適法かつ有効に保有している対象会社の株主であること。また，本件株式に質権，担保権その他の負担は付されていないこと。

(4) 対象会社の株式につき，いかなる第三者もストック・オプション，新株予約権，その他の方法で，対象会社の株式を取得する権利を有しないこと。更に本件株式譲渡がなされるまで，対象会社において新株発行，その他いかなる方法であれ，対象会社の発行済株式総数が増加するか，増加する可能性のある手続を行わないこと。

(5) 売主及び対象会社は，本契約の締結若しくは履行又は株式譲渡の実行等が以下に該当しないこと。

① 法令・規則など，裁判所又は政府機関などの判決・命令・判断など又は許認可の違反

② 定款・社内規程の違反

③ 契約の債務不履行，解除事由，早期償還事由又は期限の利益喪失事由

④ 裁判所又は政府機関の許認可，承諾，同意等を必要とする事由

⑤ 政府機関に対する届出，報告その他書類の提出を必要とする事由

(6) 対象会社には，重大な簿外債務や偶発債務は存在しないこと。

(7) 買主に既に提出している対象会社の貸借対照表及び損益計算書は，売主が知る限り，日本において一般的に認められた会計基準に従って作成されたものであり，本計算書類記載日現在の財政及び資産の状態並びにその事業年度の対象会社の経営成績を重要な点において適正に表示していること。

(8) 対象会社において，令和〇年〇月〇日以降，売主が知る限り，対象会社の資産及び負債の状況，財政状態並びに経営成績に重大な悪影響を及ぼすような後発事象は発生しておらず，かつ，その原因となるような事実が生じていないこと。

(9) 本件株式譲渡に関連して，売主が買主に提出又は提供した資料及び情報は，その時点において真実であり，重要な事実の資料及び情報を故意又は重大な過失をもって欠如させていないこと。

(10) 対象会社の事業に関して，売主が買主に既に開示しているものを除き，法律，法令，規則，通達又は条例等に違反する重要な事実が存在せず，売主が買主に既に開示しているものを除き，訴訟その他の紛争は存在せず，また合理的に予見される範囲での紛

争も存在しないこと。

⑾　対象会社が事業を遂行する上で締結している重要な契約は，全て適法に締結された有効な契約であること。

⑿　対象会社は，対象会社の事業を遂行するために必要な許認可，免許及び登録等を取得しており，対象会社が対象会社の事業に関連して有している必要な許認可，免許及び登録等は，全て有効であること。

⒀　対象会社は，国又は地方公共団体等に対して負担すべき公租公課等（適用法令上要求される健康保険，厚生年金等の社会保険料及び労災保険，雇用保険等の労働保険料を含む。）を全て支払っており，一切滞納していないこと。

⒁　対象会社に労働組合は存在せず，対象会社と従業員との間の労働紛争は存在せず，厚生年金保険，健康保険，雇用保険，労働者災害補償保険を含む社会保険に関する義務を適法に履行していること。

⒂　対象会社に，支払期限が到来した従業員に対する未払の賃金は存在していないこと。

⒃　対象会社は，対象事業又はその製品に関して，第三者の知的財産権（特許権，実用新案権，育成者権，意匠権，著作権，商標権，回路配置利用権その他の知的財産に関して法律により定められた権利又は法律上保護される利益に係る権利をいうが，これに限られない。）を侵害しておらず，侵害することに起因し，又はこれに関する一切の請求を受けていないこと。

⒄　対象会社は，破産手続開始，民事再生手続開始，会社更生手続開始，特別清算開始その他これらに準ずる法的倒産手続（当事者が海外でも事業活動を行っている場合には，外国法に基づく法的倒産手続を含む。）の申立がなされていないこと，債務超過や支払不能などの倒産申立の原因が存在しないことやそのおそれがないこと。

⒅　売主，対象会社の従業員，対象会社及び対象会社の関連会社が反社会的勢力と認められる暴力団，総会屋その他の反社会的な団体又は個人との間で，名目を問わず一切の関係がないこと。

別紙2

買主の表明及び保証

（買主に関する事項）

⑴　対象会社は，日本法の下で適法に設立され，有効に存続する株式会社であり，本契約を締結し，履行するために必要な権限及び機能を有しており，そのために必要な法令，定款，その他社内規則上必要とされる一切の手続を履行していること。

⑵　買主による本契約の締結及び履行は，買主に適用のある法令等に違反するものではなく，買主が当事者となっている重要な契約等に抵触するものではないこと。

⑶　買主，対象会社の従業員，対象会社及び対象会社の関連会社が反社会的勢力と認められる暴力団，総会屋その他の反社会的な団体又は個人との間で，名目を問わず一切の関係がないこと。

158

② 第13条：競業避止義務

もしあなたが買い手で，ある会社をM&Aしたとしましょう。M&Aした後に，その会社の元経営者が別会社で同じ事業を新たに始めたらどうでしょうか？もし，その可能性がある場合，その会社をM&Aできるでしょうか？

一般にM&Aを行った場合，ノウハウなども当然買い手に移転することとなります。しかし，経営者の頭の中にあるノウハウや人脈などの無形的なものは，目に見えないだけにすべて引き継げるかどうかはわかりません。小規模の会社であればあるほど，経営者にそのノウハウなどが集中しているともいえます。それにもかかわらず，M&A後売り手に同じビジネスを他で展開されては，M&Aを行ったメリットが大きく毀損することとなります。

買い手が安心してM&Aを行うためにも，売り手の経営者が売った会社と同じ事業・ビジネスを行うことを制限する条項がこの「競業避止義務」です。事例として出した条項では，比較的一般的な文言で記載しています。なお，年数に関しては，M&A案件ごとにさまざまですが，事業承継型の場合，10年くらいが一般的のように思えます。場合によっては，限定箇所を特定の地域だけに絞るケースや，売り手企業が実施していたビジネスの一部の事業のみ除外するなどの対応を行う場合もあります。

③ 第15条：表明・保証

表明・保証とは，一定時点における契約当事者に関する事実や，契約の目的物の内容に関する事実について，真実かつ正確である旨を契約当事者が表明し，相手方に対して保証することです。

(i) M&Aにおける表明・保証の重要性

M&Aでは，最終契約をするまでに買い手はさまざまなデューデリを行いますが，売り手のことをすべて把握することは時間的にもコスト的にも困難です。買い手は売り手が言っていることや売り手の出してきた情報がある程度正しいと信じてM&Aを実行に移さざるを得ません。そのため，売り手が買い手に対し，一定の内容について真実かつ正確であることや，潜在的なリスクがないこ

とを宣誓することで買い手に安心してM&Aを進めてもらうこととなります。

　また，デューデリで発見された問題やリスクの中には，定量化できないもの（買収価格に反映できないもの）や売り手と買い手との間で見解が相違するものが出てきます。このようなものは，問題やリスクがないことを売り手に表明・保証してもらうことでM&Aを成立に導いていきます。

　表明・保証がこのような機能を有していることから，当然，この表明・保証した内容に虚偽があったり，正確でなかった場合には，M&Aの実行の停止（①：前提条件）や損害賠償請求の対象となる可能性があります。

　なお，表明・保証は，買い手が売り手にも行いますが，M&Aの場合，こちらは非常に形式的なものしかないため，実質的には売り手が買い手に行うものがほとんどです（契約書の例でも売り手が買い手に行ったものは18項目に及ぶのに対し，買い手が売り手にしたものは３項目となっています）。

(ii)　**売り手のM&Aアドバイザーとしての対応**

　M&Aにおける譲渡価額の交渉はM&Aアドバイザーとして非常に重要ですが，それと同じくらい重要となるのが，この表明・保証です。

　先ほども述べましたが，表明・保証した内容に虚偽や不正確なものがあれば，損害賠償を請求される可能性が出てきます。しかし，買い手側の要求をすべて表明・保証に折り込んでしまうと，それだけM&A後の損害賠償リスクを売り手の経営者に負わせることとなります。したがって，売り手のM&Aアドバイザーとしては，この表明・保証を限定しておくことも大切な業務の１つとなります。売り手の経営者が保証できないような内容については，できるだけ除外するような交渉を行う必要があります。

　ただし，買い手の要望をすべて拒否していては交渉になりません。M&Aの実務で一般的なものや交渉上表明・保証したほうがいいもの，発生可能性が不明な潜在的なリスク（たとえば未払残業や税金関連，株式の適法保有）などは，M&Aを前に進めるためにも表明・保証で対応することを経営者に助言するのもM&Aアドバイザーとして必要となります。

④　第16条：損害賠償

　最終譲渡契約書（SPA）の内容に違反していたり，先ほどの表明・保証に違反がある場合に，その違反などに起因して被った損害，損失または費用を相手方に対して補償する条項です。

　条文上は，契約であることから，売り手・買い手ともにこの損害賠償条項が当然課せられる形にはなっていますが，そもそも買い手が守る義務や表明・保証は限定されているため，基本的に売り手に課せられている条項と考えていいでしょう。

　売り手のアドバイザーとしては，この損害賠償条項をできるだけ限定的かつ実際の請求に発展させないようにその内容を決めることが重要な交渉項目となります。

　ポイントとなるのは，請求期間，上限金額，バスケット条項です。

　請求期間について石田税理士の契約書では，譲渡日後1年以内に発生した損害に限定しています。当然長くなればなるほど，売り手にとっては不利となります。実務上は1年から2年が一般的と考えます。

　上限金額について石田税理士の契約書では，「譲渡価額（つまり53,000,000円）」としています。これについては，譲渡価額に役員退職慰労金を含めた金額を上限とする場合や，譲渡価額の75％や50％にするなどさまざまなケースがあります。実際に裁判などになった場合には，この上限金額は非常に重要となるため，売り手のM&Aアドバイザーとしては，限定的な形で契約できるように交渉する必要があります。

　最後にバスケット条項ですが，これは細かな違反や損害で相手方を訴えることを制限するための条項です。仮にこの条項を設けていないと，数千円や数万円といった細かな損害であっても嫌がらせ目的で裁判に訴えられるおそれがあります。このような軽微な違反などでは簡単に訴訟ができないようにするために設けられた条項ですので，売り手側のM&Aアドバイザーとしては契約書に入れておきたい条項です。なお，石田税理士の契約書では，オワリ機器の会社規模と照らして1件当たりの損害が1,000,000円を上回ったものに限定しています。

(3)　小規模M&Aでは複雑な条項は入れないのがベスト

　M&Aの最終譲渡契約書（SPA）には，非常にいろいろものがあります。上場会社同士の契約書ともなると，優に50頁を超えるようなものもあります。また，上場会社の場合には，さまざまな関係者が契約に関わることもあり，非常に複雑な契約内容になることも稀ではありません。たとえば，以下のような条項は一般的なM&Aの最終譲渡契約書（SPA）に盛り込まれる可能性があります。

①　価格調整条項

　売買価格の根拠である株式価値は，一定の基準日でさまざまな評価手法に基づいて決定されます。また，財務デューデリも調査時点ではなく，一定の基準日で行うことが一般的です。そのため，この一定の基準日から実際の株式などの譲渡日であるクロージング日までの価値の変動を売買価格に折り込む条項のことを価格調整条項といいます。たとえば，純資産を基礎にした譲渡価額を決定した場合，売り手と買い手との間で合意した時の純資産とクロージング日の純資産とでは必然的に金額が異なります。その数値の変化を譲渡価額に折り込む方法などを記載するのです。

　価格調整条項は，どのような項目で調整するのか，誰が調整を行うのかなどを明記する必要があるうえ，調整に時間がかかるとともに，調整状況で揉める場合もあります。このような揉め事をクロージング後に発生させないためにも，売り手もしくは買い手から強い要望がない限り，小規模のM&Aの場合には価格調整条項を入れないことをお勧めします。

②　分割株式譲渡条項

　分割株式譲渡条項とは，1度に株主が保有する株式を100%取得するのではなく，一部のみ取得し，その後一定期間にわたって株式を取得することを約する条項のことをいいます。買い手の資金的な都合や売り手の業績が不安定な場合に分割で株式を買い取る条項を入れる場合があります。

　株式の分割譲渡は，通常売り手の経営者が引き続き経営を行い，その後の業績にコミットするような場合に多く用いられる方法です。事業承継型の場合には，引継期間が終われば売り手の経営者は引退してしまうことに加え，業績次第で残った株式が売却できない可能性も出てきます。これらのことを考えると小規模の事業承継型のM&Aの場合には，買い手候補先から分割での譲渡を求められても許容せず，一括での譲渡とする交渉をしてください。

③　アーンアウト条項

　アーンアウト条項とは，M&Aの対価を一括で払うのではなく，契約時の合意した算定方法（業績に連動する形）で対価を追加で支払うことを約する条項です。

　これも②の分割株式譲渡条項と同様，売り手の経営者が引き続き経営することが前提の条項であり，かつ，譲渡時に事業計画などが必要となる点で，事業承継型のM&Aの場合にはあまり適合しない条項といえます。

　以上のような複雑な条項を契約書に盛り込むことは，事業承継型の小規模のM&Aではお勧めしません。できうる限り複雑な契約内容にしないことが大切です。小規模のM&A，特に事業承継型の場合には，少なくとも売り手の経営者でもわかる内容にする必要があります。また，法律の専門家ではないわれわれM&Aアドバイザーでも理解でき，かつ，売り手の経営者に説明できる契約内容にしておく必要があります。

5 M&A完了の儀式を執り行う： クロージング業務でM&Aを成立させよう！

　オワリ機器，浪速機器販売ともに最終譲渡契約書（SPA）の内容について合意し，無事調印が終わりました。しかし，最終譲渡契約の締結がM&Aの成立ではありません。実際に株式の譲渡を完了させてはじめてM&Aが成立することとなります。M&A成立まで，M&Aアドバイザーとしての石田税理士の業務は続きます。最後の最後まで気を抜くことなく業務を完遂させる必要があります。

　ここでは，M&Aアドバイザーとしての最後の業務となるクロージング業務について説明したいと思います。

⑴　クロージングとは

　M&Aにおいてクロージングとは，最終譲渡契約締結後，実際に株式などを売り手から買い手に移転させる最終的な手続のことをいいます。つまり，このクロージングによって，売り手から買い手に株式などの所有権が移転するとともに，買い手は売り手に対して売買代金の支払を行うこととなります。

　クロージング日，つまり譲渡日には，M&Aの実行および完了のために必要な書類のやりとりや重要物品の受渡しなどを行います。この手続は法的にM&Aを成立させるために非常に重要であるため，司法書士を交えて実施することが望ましいです。

①　契約日とクロージング日が異なる理由

　小規模のM&Aの場合には，最終譲渡契約の締結日とクロージング日を同じ日に行うこともありますが，次のような場合には契約日とクロージング日は分ける必要がありますので，注意してください。

- 最終譲渡契約書の中で，M&Aの成立条件が課せられているような場合（たとえば，親族株主からの株式の譲渡の同意確認や社長個人資産の買取りなど）には，これらの条件を満たすための作業に時間がかかるため，契約日とクロージング日との間に一定期間を設ける必要がある。
- M&Aのスキームが株式譲渡ではなく，事業譲渡や会社分割を伴う場合には，資産の切出作業や法的手続などが必要となるため，必然的に契約日とクロージング日との間に一定期間を設ける必要がある。
- 仮に買い手企業が上場会社の場合，契約締結日は取締役会開催日に限られるため，その当日に譲渡代金の支払手続ができないことやクロージングに必要な書類の準備ができないことから，一定期間を設けるのが一般的。

② 一定期間を設けることのメリット・デメリット

　実は，契約日からクロージング日の間に一定期間を設けることにはメリットもあれば，デメリットもあります。①のようにどうしても間を空けないといけないような場合はそうせざるを得ませんが，小規模のM&Aの場合には同時にデメリットも十分理解したうえで，一定の期間を空けるのかどうか，空けるのであればどの程度とするのかについてM&Aアドバイザーとして検討する必要があります。

(i) **分けることのメリット**

- それぞれの日を空けることにより，譲渡契約日までは最終譲渡契約書（SPA）の作成，交渉，締結といった業務にM&Aアドバイザーとして集中できる点
- 同日で進めるとクロージングに必要な書類を並行して作成する必要がありますが，これら必要書類の内容が最終譲渡契約書（SPA）の内容次第で変更されることがあるため，ミスの可能性が出たり作業効率が落ちる点

(ii) **分けることのデメリット**

- 買い手にとって譲渡契約は締結したものの，クロージングまでは法律上売

り手に経営権があり，直接経営に参加をすることができない点

- 最終譲渡契約書（SPA）に明記することで対応はしているものの，この期間で売り手側が買い手側の意思に沿わないような契約や取引などを実行できてしまう点
- 最終譲渡契約書（SPA）の中には，M&A停止条項が含まれており，仮にこの期間中に天災などが生じた場合には，買い手にM&Aの拒否権を与え，売り手が譲渡できない可能性を残すこととなる点

⑵　クロージング日の流れと業務

　クロージング日当日の流れに決まりはありません。大手M&A仲介会社では大々的にセレモニーを開く場合もあります。実際の会社の引継日となるため，一定の儀式的なものとして進めることが一般的だとは思います。

　小規模のM&Aの場合であれば，少なくとも図表5－6のような流れでクロージング日を進められれば問題はないと思います。

【図表5－6】クロージング日の流れ

①　売買代金入金の確認

　本来売買代金の入金は，売り手から買い手への重要書類の引渡しと同時に行うべきです。しかし，金融機関への振込手続を前日までに終えておかなければならないため，実質的に同時でのやりとりはできません。そのため，実務的には，朝一番で売り手が入金の確認を行い，その後重要書類の押印や引渡しを行います。

　なお，トラブルを回避するために，重要書類のうち売り手の株主および経営

者が押印すべき書類について，事前にM&Aアドバイザーが預かっておくこと
をおすすめします。

②　準備すべき重要書類

　クロージング日にやりとりを行う書類は，法的に所有権を移すための重要な
ものとなります。また，経営権が譲渡されたのちに役員変更などの登記が必要
となることから，買い手主導で準備がなされることが一般的です。しかし，最
終譲渡契約書（SPA）の内容にも影響を与えるため，売り手のM&Aアドバイ
ザーとしてもどのような書類が必要なのかを理解しておく必要があります。

　必要となる主な書類は図表5-7のとおりです。なお，必要となる書類やその
書き方は案件ごとに異なります。また，登記なども必要となることから，M&A
の法的な手続に詳しい司法書士に書類を作成，準備してもらいましょう。

【図表5-7】必要書類

売り手側に必要となる主な書類	買い手側に必要となる主な書類
株式の譲渡を確認する書類 ・株主譲渡承認請求書と株主の印鑑証明書 ・取締役会（株主総会）議事録（譲渡承認） ・株式譲渡承認通知書 ・株主名簿記載事項書換請求書と変更後の株主名簿 ・会社印鑑証明書 ・株式譲渡代金の領収書 **役員関係の変更を確認する書類** ・代表取締役，取締役，監査役の辞任届 ・取締役会（株主総会）議事録（役員退職慰労金支給時） ・役員退職慰労金の領収書 **その他重要物品** ・実印，銀行印，代表印，社印，印鑑登録証明書 ・預金通帳・銀行カード・クレジットカード（必要に応じて）	**株式の譲渡を確認する書類** ・重要物品受領書 **役員関係の変更を確認する書類** ・新任役員の就任承諾書（代表取締役，取締役，監査役） ・臨時株主総会議事録（役員変更・定款変更など） ・取締役会議事録（代表取締役選任など） ・新任役員の印鑑登録証明書，本人確認書類 ・顧問契約書（売主を顧問とする場合） ・印鑑届出書（代表者変更に伴う）

③　従業員への説明

　M&Aは経営上の重要な意思決定であることから，原則的に従業員への説明は株式譲渡が正式に完了したクロージング日以降に実施することが望ましいです。最終的には買い手の意向も踏まえ，いつ実施するべきかを決めていく必要があります。M&Aの事実を開示する日としては，重要書類の受渡しのために，買い手の経営者や新たに就任する役員もそろっているため，クロージング日当日に行うことが多いかと思います。

　最も気をつけるべきことは，経営権が移ったという事実を噂などで従業員が先に，間接的に聞いてしまうことです。長年共に働いてきた従業員としては，「なぜ教えてくれなかったのか」という気持ちになり，M&A後の士気に影響を与えることになりかねません。従業員に引き続き安心して業務に従事してもらうためにも，経営者自らの言葉で経緯や思いを直接説明することが重要です。

　従業員説明会の一般的な流れは図表5−8のとおりです。当日はあくまでもM&Aの事実の開示とあいさつが主目的のため，質疑応答などはその場で設けないことが望ましいでしょう。そのため，時間は30分程度を想定しておけば十分です。従業員からの質疑応答などは，別日を設けて買い手主導で改めて実施するか，新任の役員との親睦を深めるための懇親会で行うのも1つの方法です。

【図表5−8】従業員説明会の流れ

①　従業員説明会の目的，M&Aの事実と簡単な経緯の説明（売り手側のM&Aアドバイザー）
②　売り手オーナーによる挨拶と経緯の説明（売り手オーナー）
③　経営承継した買い手側の代表の挨拶（買い手側）
④　新たに役員となった者の紹介と新任代表取締役の挨拶（新任代表取締役）

　この説明は，できるだけ多くの従業員に直接聞いてもらうことが望ましいため，M&Aの事実は伏せたうえで当日は会社にいるように指示しておくことが望ましいです。なお，拠点が複数ある場合には，本社に集まってもらうか，難

しければ複数の拠点を直接回るなどの対応も検討すべきでしょう。

＊

　石田税理士は，豊臣会計事務所の応接室にてクロージング業務を行う段取りをすることとしました。

　クロージング日当日，まず朝一番にオワリ機器の名古屋社長に連絡して，譲渡代金53,000千円が所定の口座に振り込まれていることを確認してもらいました。その後，所定の時間に関係者に豊臣会計事務所に集まってもらい，クロージング業務を進めました。各種書類の押印が終了し，重要書類および重要物品が名古屋社長から和泉社長へ渡されることで正式に株式の譲渡を完了させることができました。その後，その書類を司法書士に渡して，登記手続などを進めてもらうよう依頼しました。

　午後からは，オワリ機器本社に移動して従業員説明会を開催しました。まずは売り手のM&Aアドバイザーである石田税理士からM&Aの件を簡単に説明したのち，名古屋社長から事業承継のためにM&Aを決めた経緯を説明してもらいました。名古屋社長の説明後，新たな経営者となる和泉社長および新たに代表取締役となる河内氏から挨拶と今後の運営について，従業員に安心してもらえるように話をしてもらいました。

　名古屋社長から相談を受けて約5か月，初めは不安に思いながら引き受けたM&Aアドバイザーの業務もM&Aマッチングサイトをうまく利用することで，予想より早くM&Aの成立までこぎつけることができました。名古屋社長からも，「当初はうちの会社を引き受けてくれる会社が世の中に本当にあるのかどうか不安だったよ。でも，思いのほか早く，浪速機器販売という素晴らしい会社を見つけてくれて本当にありがとう。1年間の引継期間はあるけど，これで一安心して今後の人生を過ごすことができるよ。また，いろいろ相談に乗ってくださいね」という温かい言葉をもらうことができました。

　なお，豊臣会計事務所としても，浪速機器販売からオワリ機器の税務申告業務を引き続きお願いしたい旨の話を受けたため，石田税理士がオワリ機器の担当を続けることとなりました。

✤ 最終譲渡契約書（SPA）のやりとり ✤

　最終譲渡契約書（SPA）は，売り手と買い手との交渉の結果を反映させることで最終化されます。そこには，売り手，買い手双方のM&Aアドバイザーはもちろんのこと，場合によってはともに弁護士が介入する可能性があります。このように最終譲渡契約書（SPA）にはさまざまな関係者が関与する可能性があるため，その交渉の履歴をしっかり残しておく必要があります。

　この交渉の履歴を残すことを「マークアップ」といいます。

　マークアップとは，最終譲渡契約書（SPA）の最終化までに売り手と買い手との間で文言や条件の加筆修正，訂正，除外などの履歴を残すことです。最終譲渡契約書（SPA）のやりとりは，売り手と買い手が直接会って行うことは少なく，書面のやりとりのみで行うことがほとんどです。そのため，さまざまな関係者がこの最終譲渡契約書（SPA）に携わることもあり，誰が，いつ，どのような理由で加筆修正などを行ったのかをわかるようにしておく必要があります。仮にマークアップをしないと，契約書のやりとりの度に，何が変わったのかを一言一句確認する必要が出てきてしまいます。無駄な作業を排除することに加え，変更された内容などが反映されているかを確認するためにも，さまざまな関係者が携わる場合にはこのマークアップは必要不可欠となります。

　通常，最終譲渡契約書（SPA）はワードで作成するので，ワードの「変更履歴」の機能を利用することでマークアップを行うことが可能です。なお，やりとりを行う場合には，M&Aアドバイザー同士で以下のようなルールを決めておくことをお勧めします。

- 原本の契約書は複数作らず，必ず１つの文書でやりとりを行う
- 今どの契約書が最新なのかがわかるようにワードの名前に日付をつけるとともにどちらが送ったかがわかる（例えば，オワリ機器⇒浪速機器販売）ようにしておく
- 加筆修正などを行った箇所については，コメント機能などでその理由を記載する

第6章

事業承継M&Aのもう1つの壁
売買価格の決め方

　　M&Aマッチングサイトの活用を前提としたM&Aアドバイザリー業務の進め方について，第4章，第5章で説明してきました。M&Aは案件ごとに千差万別なため，本書のとおりにM&Aを進めることができるかどうかはわかりませんが，ある程度対応できると思います。

　　しかしながら，M&Aアドバイザーとして業務を行ううえで足りないものがあります。それは，M&Aにおいて重要となる「売買価格」を決定するための株価評価（バリュエーション）と買収監査（デューデリ）に関する知識です。これらを直接業務として行う場合には，詳細な知識が必要となりますが，M&Aアドバイザーとしては，最低限の知識を身につけておけば十分です。

　　そこで，この章では，会計事務所が顧問先の事業承継において，M&Aアドバイザリー業務を行ううえで必要となる株価評価とデューデリの考え方や知識，ポイントなどを説明したいと思います。

M&Aマッチングサイトを活用したM&Aプロセス

| 第4章：M&Aプロセス① フェーズⅠ：買い手の探索と選定 | ⇒ | 第5章：M&Aプロセス② フェーズⅡ：M&Aをまとめる |

第6章：M&Aアドバイザーに必要な知識（株価評価とデューデリ）

第6章：M&Aアドバイザーに必要な知識

| 1．株価評価の基礎知識 | 3．デューデリの基礎知識 |
| 2．売買価格の決定の仕方 | 4．実際の株価評価 |

1 税務上の株価はM&Aでは使えない？

　会計事務所にとって，非上場会社の株価評価というと，財産評価基本通達の「取引相場のない株式の評価」による評価（以下，「国税庁方式」といいます）が一番なじみのあるものだと思います。具体的にいうと，会社の規模や株主構成により，類似業種比準方式，純資産価額方式，配当還元方式を選択もしくは組み合わせながら評価する方法です。

　M&Aでも同じように評価すればいいのでは？と思われるかもしれませんが，M&Aの世界では国税庁方式で株価評価を行うことはありません。理由は簡単です。国税庁方式による株価は，その会社の「価値」を示していないからです。

　国税庁方式は，税の公平性の観点を重視し，実際の価値＝時価が形成できないような関係性における取引に用いることが求められるにすぎません。たとえば，親族間における株式のやりとりの際には，過度に安く譲渡や贈与するなどの恣意性が介入するため，国税庁方式を用いる必要があります。

　一方，M&Aの場合は，取引相手は原則として第三者となります。第三者との株式のやりとりにおいては，通常，経済合理性が働き，適切な時価が形成できる環境にあります。そのため，国税庁方式でその会社の株式を評価するのではなく，株式の価値を形成できるような手法を用いて評価することが求められます。

　ここでは，M&Aで用いられる株式の評価手法にはどのようなものがあるのか，その基本的な考え方について説明したいと思います。

⑴ M&Aで用いられる評価手法とは

① 価値の概念

　M&Aにおける株式の評価手法を説明する前に，株価評価における価値概念を理解する必要があります。株価評価においては図表6－1のように3つの価値概念があります。これらの価値概念を理解することが株価評価において非常に重要となりますので，しっかり覚えてください。

【図表6－1】価値の概念

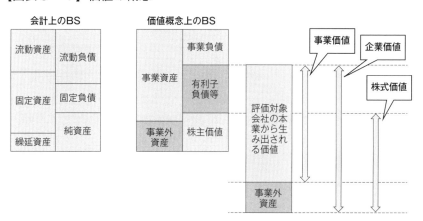

　事業価値は，会社が継続的に経営している事業（本業）から直接生み出される価値をいいます。企業価値は，事業価値に事業外資産（事業に直接関係しない資産）の価値を加えた企業全体の価値をいいます。そして，株式価値は，企業価値から有利子負債等の他人資本を差し引いた株主に帰属する価値のことをいいます。なお，企業価値は，株式価値に有利子負債等を加算した価値ともいえます。

　それぞれの価値概念を理解することが重要な理由は，計算誤りなどをしないためです。次に説明する株価評価手法ではさまざまな方法で価値を計算しますが，それぞれの計算過程で，今どのような価値を求めているのかを理解しない

と大きな計算誤りを犯してしまう可能性があります。

②　M&Aで用いられる主な評価手法

　では，実際のM&Aではどのような評価手法を用いて株価評価をしているのでしょうか？主な株価評価手法は，図表6−2のとおりです。

【図表6−2】評価手法の概要

評価アプローチ	主な評価手法	
インカム・アプローチ 評価対象会社・事業から期待される利益ないしキャッシュ・フローに基づいて価値を評価する方法	DCF法	評価対象会社・事業が将来創出すると期待されるキャッシュ・フローを現在価値に割り引いて事業価値ないし株式価値を算定する方法
	収益還元法	評価対象会社・事業の適正な利益を現在価値に割り引いて事業価値ないし株式価値を算定する方法
	配当還元法	評価対象会社・事業の将来期待される配当を資本還元して株式価値を算定する方法
マーケット・アプローチ 株式市場における一定期間の株価もしくは評価対象会社・事業と類似している上場会社や類似取引と比較することで，相対的な価値を評価する方法	市場株価法	株式市場の株価を株式価値とする方法（上場会社のみ適用可能）
	類似上場会社法 （倍率法）	上場類似会社の時価総額ないしは事業価値と財務数値との倍率をもとに，評価対象会社・事業の事業価値ないし株式価値を算定する方法
	類似取引比較法	類似する取引と財務数値等のバリュードライバーとの倍率をもとに，評価対象会社・事業の株式価値を算定する方法
ネットアセット・アプローチ 評価対象会社・事業の貸借対照表記載の純資産に着目して価値を評価する方法	簿価純資産法	評価対象会社・事業の貸借対照表記載の純資産を株式価値とする方法
	修正簿価純資産法	評価対象会社・事業の資産及び負債に重要な調整項目を加味して株式価値を算定する方法
	時価純資産法	評価対象会社・事業の資産及び負債を時価評価し，株式価値を算定する方法（清算価値で資産及び負債を評価する場合は清算価値法と呼ばれることがある）
その他	年倍法	修正簿価純資産金額に利益×一定年数を加算した金額で算定する方法
	国税庁方式	相続税及び贈与税の計算にあたって用いる株式の評価方法（類似業種比準方式，純資産価額方式，配当還元方式とがある）

　株価評価には，大きく分けて3つのアプローチがあります。利益やキャッシュ・フローに着目した「インカム・アプローチ」，株式市場などの客観的な取引価格に着目した「マーケット・アプローチ」，会社の純資産に着目した「ネットアセット・アプローチ」の3つです。

　なぜ，株価評価手法に3つのアプローチがあり，またその中にさまざまな評価手法があるのかというと，どの手法にも長所と短所があり，万能な評価手法がないためです。

　たとえば，インカム・アプローチには，将来の収益獲得能力や投資リスクを反映させることができるという長所がある一方で，将来の収益の源泉たる利益やキャッシュ・フローの見込みに恣意性が介入しやすいという短所があります。また，ネットアセット・アプローチには，帳簿上の純資産を基礎にして価値を評価するため，客観性に優れており，かつ，わかりやすいという長所がある一方で，ノウハウや取引先，権利などの無形の資産の価値を反映できないという欠点があります。

　このように，どの評価アプローチのどの評価手法を採用したとしても，完全無欠な評価結果を得ることはできません。そのため，株式価値を評価する際には，それぞれの特徴を理解したうえで，どの評価手法を採用すべきなのかの検討が求められることとなります。

　なお，国税庁方式は，冒頭でも説明したとおりM&Aにおいては用いられない評価手法です。また，事業承継型のM&Aの場合によく採用される年倍（買）法は，正式な意味で株価評価手法とはいえませんので，株価評価を単独で行う場合などには注意をしてください。

③　事業承継のM&Aを行ううえで必要な知識とは

　M&Aをはじめとして，株価評価を行ううえで現在最も利用されている評価手法は，ディスカウント・キャッシュ・フロー法（DCF法，フリー・キャッシュ・フロー法（FCF法）ともいいます）です。DCF法は，将来得られると期待できるキャッシュ・フローを現在価値に割り引くことでその会社の事業価

値などを計算します。

　しかしながら，事業承継型の小規模のM&Aの場合，DCF法で株価評価をする必要性が出てくるケースは極めて稀です。実際に，私も上場会社が絡まないM&AにおいてDCF法を用いて株価評価を行うことはありません。では，なぜ事業承継型の小規模のM&Aの場合，DCF法が用いられないのでしょうか。

　理由の１つが，中小・零細企業の場合，DCF法で前提となるべき実現可能性の高い事業計画（３年から５年）がそもそも作成されていないためです。また，そもそも，経営者が60歳以上の，事業承継で悩んでいる会社の大部分は，将来の利益見込みが現状維持もしくは減少の想定であることがほとんどです。そして，DCF法を用いるためには一定の基礎知識が必要となり，安易に利用すると誤った評価をしてしまう，それも大きく計算間違いをしてしまうリスクがあるためです。

　このような理由から，事業承継型の小規模のM&Aにおいては，DCF法を利用することはほとんどないため，これらの詳細な知識は必要ありません。

　小規模のM&AにおいてM&Aアドバイザー，特に売り手のファイナンシャル・アドバイザー（FA）として携わるうえで知っておいたほうがいいと思われる評価手法は，「収益還元法」「修正簿価純資産法」「年倍（買）法」の３つです。それも，株価評価の専門家のように詳細な知識は不要であり，ある程度評価・計算できるレベルにあれば十分です。

(2)　収益還元法による評価のポイント

　収益還元法とは，将来その会社が獲得できると期待される基準利益を資本還元率（割引率）で割り引くことで価値を計算する方法です。DCF法が将来の３年から５年の事業計画をもとに評価するのに対して，収益還元法は将来獲得が期待される基準利益のみで評価するため，DCF法の簡便的な評価手法ともいわれます。

①　計算プロセス

収益還元法での価値評価の計算式は以下のとおりとなります。

　　事業価値＝基準利益÷資本還元率

　　株式価値＝事業価値＋事業外資産－有利子負債等

計算式を見てもわかるように非常にシンプルです。ただ，シンプルなだけにどこかの数値で計算誤りがあると影響も大きいので注意が必要です。

収益還元法による価値計算のポイントは，基準利益の計算，資本還元率の設定，事業外資産・有利子負債等の確定の３つです。

(i)　基準利益の計算

収益還元法の価値評価の源泉は，将来期待される基準利益です。そのため，この基準利益が価値に大きな影響を与えることとなります。

では，この基準利益とはどのような利益なのでしょうか。実務的によく用いられる計算式は以下のとおりです。

　　基準利益＝営業利益×（１－実効税率）

簡単にいうと，税引後の営業利益がこの基準利益です。なお，税金金額については，加減算等を行い，所得金額等を出したうえで計算するのが本来あるべき姿ですが，評価実務では実効税率を差し引くことで税引後の利益計算をします。

$$実効税率 = \frac{法人税率＋（法人税率×（地方法人税率＋住民税率））＋事業税率}{１＋事業税率}$$

ここで重要となるのが，いつの時点の営業利益を用いるのかという点です。これについては，一概にこの時点の数値を使うべきという答えはありません。評価対象となる会社が置かれた状況や実際の損益状況によって変わります。具体的には，直近決算の営業利益を用いる場合もあれば，３期から５期の営業利益の平均値を用いる場合もあります。場合によっては，進行中の決算期の見込利益を使う場合もあります。どの時点での利益を使うかで価値評価額は大きく変わります。なぜその時点での利益を使ったのかを説明できるようにしておくことが大切です。

(ii) 資本還元率の設定

評価実務では，資本還元率，つまり割引率はWACC（加重平均資本コスト）を用いて計算します。基準利益とともに，このWACCがどの程度なのかは価値評価に大きな影響を与えるため，重要な指標といえます。ただ，WACCの理論は非常に複雑であることに加え，売り手のM&Aアドバイザーの業務だけで考えた場合，WACCの詳細な知識は特段不要です。

売り手のM&Aアドバイザーとして売買価格の金額を計算するにあたっては，割引率を10%前後に設定して計算すれば十分だと思います。割引率の詳細な計算は無視して，この割引率を用いて計算した結果，価値がいくらになったのかという水準感のほうが重要と考えてください。

(iii) 事業外資産・有利子負債等の確定

基準利益と資本還元率を用いて事業価値を計算したら，最後は事業外資産と有利子負債等を確定させます。

事業外資産とは，本業に直接関係のない資産のことをいいます。具体的には，余剰資金，遊休資産，投資用資産，生命保険積立金などがこれに該当します。つまり，営業利益を稼ぎ出すために直接は必要ないような資産といえます。これらの資産を運用・利用したとしても，そこから生み出される利益は営業利益に影響を与えません。そのため，営業利益を基準に導き出された事業価値に，これらの事業外資産の価値を加算して企業全体の価値を計算します。

裏を返せば，営業利益の中にこれらの資産を利用して生み出された利益が含まれていれば，営業利益から除外するか，事業外資産から外すかを決めなければなりません。

なお，事業外資産のうち論点となるのが，余剰資金です。余剰資金とは，手許の現金預金のうち事業運営上手許に保有しておかなければならない現金預金を差し引いた金額です。ただし，この事業運営上手許に保有しておかなければならない現金預金を合理的に計算することが困難であることから，実務的には現金預金残高のすべてを事業外資産とすることが多いように見受けられます。

次に有利子負債等ですが，基本的な考え方としては利息を支払って資金調達

している負債のことをいいます。具体的には，金融機関などからの借入，社債，役員・関係会社からの借入金がこれに該当します。負債からではなく，損益計算書から見て，営業外費用の支払利息割引料のもととなる負債がこの有利子負債等に該当すると理解することもできます。

　このほか，非上場会社の場合，役員退職慰労引当金もこの有利子負債等に含めて価値評価することとなります。理由は，M&A実行時に支払われることとなる役員退職慰労金は，譲渡価格から控除されることから，有利子負債等に含めて調整する必要があるためです。また，従業員退職金制度が存在し，未積立の債務が存在する場合には，M&A実行後に簿外負債として引き継がれることから，有利子負債等に含めて調整する必要があります。

　厳密にはこの事業外資産や有利子負債等についても細かな論点がありますが，非上場会社の売り手のM&Aアドバイザーの業務を行ううえでは，このくらいを知っていれば十分だと思います。

②　計算例

　簡単な計算例について，わかりやすく，図表6－3で示しました。

　これだけ見てもわかるように，割引率に前提を置けば，計算は非常に簡単です。はじめは慣れない評価方法かもしれませんが，「投資の回収」という観点で株式価値を見る場合には，この収益還元法は非常に優れた評価手法といえます。M&Aアドバイザリー業務を行ううえで，ぜひ理解して利用してみてください。

⑶　修正簿価純資産法による評価のポイント

　修正簿価純資産法とは，帳簿上の資産・負債に重要な調整項目を加味して株式価値を計算する方法です。本来資産・負債をすべて時価評価できればいいのですが，実務上これを行うことが難しいため，重要な項目のみ修正することでより実態に近い純資産で株価評価を行うことを目的とした評価手法といえます。

【図表6－3】収益還元法の計算例

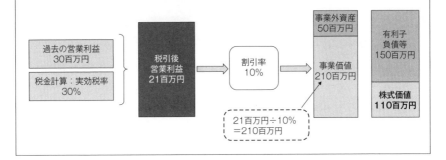

（前提）

評価対象会社データ①　：事業外資産50百万円　有利子負債等150百万円

評価対象会社データ②　：過去３年間の営業利益の平均30百万円

実効税率　　　　　　　：30%

割引率（WACC）　　　：10%

① 修正すべき項目

　非上場会社，特に中小企業の場合，帳簿上の純資産は税務会計に基づき作成されている場合がほとんどです。上場会社などが適用している企業会計基準に照らした場合，本来計上しなければならない負債が未計上の場合や，評価減をしなければならない資産がそのまま帳簿価額で計上されていることは珍しくありません。そのため，一定の修正を行うことでより実態の純資産に近づける必要があります。

　さらに，客観的な時価が存在するものについては，これも実態の純資産に近づけるため，時価評価などの修正を行います。

　では，どのような項目を修正するのかについて例示列挙します。ただ，これらはあくまでも例示であるとともに，会社の状況によっては修正しなくてもいい場合がありますので，ご留意ください。

（非上場会社特有の修正項目）

• 回収可能性が低い売上債権の評価減修正

• 滞留もしくは販売可能性が低い棚卸資産の評価減修正

• 過去止めていた償却資産の減価償却費の未計上分の修正

• 契約上償却が必要であった敷金・保証金の償却漏れの修正

• 回収可能性が低い貸付金の評価減修正

• 賞与引当金，退職給付引当金などの未計上引当金の計上修正

• 負債として未計上となっている未払費用の計上修正

（時価評価修正項目）

• 土地や建物などの不動産についての時価評価修正

• 生命保険積立金の解約返戻金相当額での時価評価修正

• ゴルフ会員権の取引相場での時価評価修正

• 上場会社の株式の時価評価修正

• 電話加入権の取引相場での時価評価修正（ゼロ評価が多い）

　このほか，議論となる項目として，特許権や受注残，得意先リストなどの無形資産の修正があります。ただ，無形資産の評価は非常に複雑であり，その価値を客観的なデータで示すのは非常に困難です。そのため，非上場会社のM&Aの実務では，修正簿価純資産法における評価において単独で無形資産の評価の修正は行いません。

　また，たとえば無償で支給された在庫や過去費用処理済みの什器備品，型紙などは単体で処分した場合は価格がつく可能性があるため，資産として計上したいとの要望を受けるかもしれません。ただ，これらの資産を客観的に時価評価することは非常に困難であることを考えると，これらの修正を反映させることは実務上あまりありません。

② 売り手のアドバイザーとして注意すべき点

　修正項目を見ていただくとわかりますが，これは買い手サイドが行う財務

デューデリで実施する純資産修正と同じ内容です。簡単にいえば，買い手の専門家が行う純資産修正を実施すれば，必然と修正簿価純資産法による評価ができると理解していただいていいです。

　買い手サイドは一定時間をかけて財務デューデリを行い，できるだけ修正すべき事項を漏れなく把握する必要があります。その一方で，売り手のM&Aアドバイザーが行う修正簿価純資産法での株価評価は，大きな修正を反映できれば十分です。顧問先であれば，修正しなければならない項目は日頃の税務顧問の業務の中である程度把握できているはずだと思います。基本的には，その把握できている修正項目に加え，新たに修正すべきものがないかどうか経営者にヒアリングするなどして実態純資産を計算することで十分です。

　ただし，ケースによっては，売り手のM&Aアドバイザーでは難しい修正もあります。たとえば，中古車販売事業を行っている会社の場合，棚卸資産としての中古車は仕入価格で帳簿上計上されていますが，時価査定した場合にどの程度となるのかは，素人であるわれわれには把握ができません。また，その時価評価も評価する人によって変わる可能性があります。このような資産については，時間やお金をかけて売り手のM&Aアドバイザーが無理やり評価を行うのは現実的ではありません。

　このように評価が難しいような資産については，帳簿価額のまま評価しておき，交渉の過程で，含み損益があった場合には価値評価の修正がなされる可能性があることを認識し，「この資産については時価評価などが困難であるため，帳簿価額のままで評価している。仮に時価評価などをした場合には，修正簿価純資産法による評価結果も変更となる可能性がある」と売り手にも買い手にも伝える対応で十分だと個人的には考えています。

⑷　年倍（買）法のポイント

　年倍法（年買法ともいいます）とは，評価対象会社の実態純資産額に一定の利益等の数年分を加算して株式譲渡金額を計算する方法です。この方法は，あくまでも株式譲渡金額をダイレクトに計算する方法であり，株式価値の評価手

法ではありません。ただ，事業承継型のM&Aでは広く用いられている計算方法なので理解をしておく必要があります。

①　計算プロセス

年倍法の計算式は以下のとおりとなります。

株式譲渡価格＝実態純資産額＋利益等×1年〜5年

計算式を見てもわかるように非常にわかりやすいです。M&Aに不慣れな売り手の経営者も理解できるため，事業承継型のM&Aにおける評価手法として定着しています。

年倍法による計算のポイントは，実態純資産額，利益等と利益等に乗じる年数の3つです。このうち，実態純資産額は，前述の修正簿価純資産法での調整金額をそのまま利用します。

では，利益等と年数に決まりがあるのかというと，実務上これを使わなければならないというものがないのが特徴といえます。

利益等については，収益還元法と同様に税引後営業利益を用いる場合もあれば，経常利益や当期純利益，EBITDA（＝営業利益＋減価償却費）を用いている場合もあります。そして，税引後か税引前なのかも特段決まりはありません。また，収益還元法と同様に，どの期の数値を使うかも決まりはありません。

年数も同じです。たとえば2年，といった決まりはなく，実務上1年から5年を使っているケースが多いように思えます。

なぜ年倍法は他の方法と異なり，決め事が少ないのかというと，M&A仲介会社が売り手と買い手の間で合意できる譲渡価格を示すためにM&Aの実務の中で確立された計算方法であるためと考えられます。つまり，合意点を見出すために編み出された計算方法であるため，あえて決め事をしていないのだと個人的には考えています。そのため，どの利益等を使い，何年乗じるのかを売り手，買い手がそれぞれ置かれている状況などを総合的に判断し，決定する必要があります。ある意味，自由であるがゆえに難しい計算方法といえ，年倍法単独で譲渡価格を計算するのはある種危険ともいえます。

② 計算例

簡単な計算例について，わかりやすく，図表6−4で示しました。

【図表6−4】年倍法の計算例

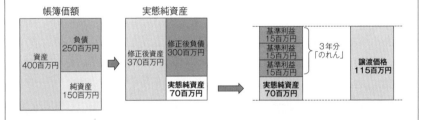

（前提）

評価対象会社データ①：帳簿金額（資産400百万円，負債250百万円）

評価対象会社データ②：実態金額（資産370百万円，負債300百万円）

評価対象会社データ③：利益等＝税引後経常利益15百万円

年倍法の年数　　　　：3年

実態純資産に利益の数年分をプラスして譲渡価格を計算することになるため，この利益の数年分がいわゆる「のれん代」となります。

(5) 損益の調整＝正常化が重要

収益還元法と年倍法の計算プロセスを見ると，計算過程に「利益」を用いていることがわかります。2つの評価方法においてどの利益を使うべきかについては，すでに説明したとおりですが，その利益は売り手の会社の帳簿上の利益数値をそのまま利用すればいいのでしょうか？

中小企業の損益は，必ずしもその会社の実力値が反映されているとは限りません。法人税の支払を抑えるため，多額の役員報酬の支払や生命保険料などの支払をしているなど，いわゆる節税のために，さまざまな対策がなされています。また，日本の会計では，本業ではない業務から得られた収入，費用を営業

外損益として計上します。この中には，事業を継続していれば毎年発生するものも含まれています。さらに，経済活動の中で一時的に発生し，今後は発生が見込まれない収入や費用が計上されている可能性もあります。

　収益還元法や年倍法で利用する利益は，買い手が期待する数値，つまり，M&A後も継続的に発生する可能性の高い数値を用いる必要があります。そのように考えると，M&A後は発生しないような過度の節税目的で計上している費用や今後発生が見込まれないような損益は調整する必要があります。また，仮に営業利益をもとに計算する場合には，営業外損益に計上されている損益のうち，継続的に発生している損益は営業利益に加味することが求められます（ただし，収益還元法で事業外資産や有利子負債等として区分した資産・負債から生み出される損益は，たとえ継続的に発生しても除く必要があります）。

　修正簿価純資産法の純資産調整と同様に，売り手のM&Aアドバイザーとして株価を計算するにあたっては，経営者へのヒアリングなどによりこの利益の調整を行ったうえで，今後発生が期待される利益（正常化後利益）の基準とする必要があります。

　小規模のM&Aであれば，以下のような項目を調整することで足りると思いますので，参考にしてみてください。なお，修正簿価純資産法の調整と同様に，重要なもののみ調整すれば足ります。売り手のM&Aアドバイザーであればなおさら，すべて細かく調整する必要はありません。

- 退任予定の役員の役員報酬（支払額全額を修正する場合もあれば，標準的な役員報酬を控除した数値を調整する場合もあります）
- 退任予定の役員にかけられている保険料
- M&A実行後経営者が買取予定の資産から発生する費用（車両の減価償却費や保険料など）
- 退任予定の役員が個人的に支出していた費用（多額の場合のみ調整）
- 明らかに一時的に発生している収入や費用（今後発生が見込まれないもの）
- 営業利益を基準としているときは継続的に発生している雑収入と雑損失

---

2 売買価格はどう決まる？

　収益還元法，修正簿価純資産法，年倍法と顧問先の株価を計算する方法についてはある程度理解できたと思いますが，では，売り手の経営者および交渉相手となる買い手候補先に提示する売買価格はいくらにすればいいのでしょうか？　これらの計算結果を単に示せばいいのでしょうか？

　実はそんなに簡単ではありません。売り手のM&Aアドバイザーとして，売買価格をいくらに設定するのかは，M&Aを成立させる大きな鍵となります。

　ここでは，売り手のM&Aアドバイザーとして売買価格を決めるための考え方や留意点などを中心に説明したいと思います。

(1)　価格と価値は何が違うの？

　突然ですが，「価格」と「価値」は何が違うのか，皆さんわかりますか？

　1つ問題を出してみたいと思います。

（問題）

　ある会社の1週間前の上場株式には1株1,000円の値がついていましたが，今日見てみると1株850円で取引されています。この株式は今が買い時でしょうか？

　先週より株価が150円も下がっている。これは今が買いだ！と思われる方もいれば，まだまだ下がる可能性があるから，もう少し見守ろう！と思われる方もいると思います。

　結論からいうと，「実は一概に判断できない」というのが答えです。

　なぜかというと，買う，買わないの判断を1,000円という「価格」と850円という「価格」で比較しているためです。

　「価格」とは，簡単にいうと誰かが売ってくれるであろう値段，または買ってくれるだろう値段です。つまり，交渉により当事者同士が合意しうる金額であり，客観的なものといえます。言い換えると，取引成立の可能性が高いと考えられる値段であり，需要と供給の合致点が「価格」といえます。

　一方，「価値」とは，評価対象が当事者に対して生み出す経済的な価値です。つまり，万人が共通に求めるという保証がないものであり，極めて主観的なものといえます。言い換えると，それぞれの背景や考え方，希少性や好みなどに左右されるものが「価値」といえます。

　この考えに基づけば，仮にこの上場会社の株式の「価値」が950円であると考えれば，「価格」が850円である今は買い時といえます。逆に，「価値」を700円だと考えれば，今は買い時ではないといえます。このように，買うかどうかの判断は，「価格」と「価格」の比較ではなく，「価格」と「価値」を比較して判断し，行動します。意識しているか否かにかかわらず，人間は常にこの比較をしながら行動をとっているのです。

　では，どのような場合，人は得をしたと思って，判断し，行動するのでしょうか？

　買う人は，「買う人の「価値」」≧「価格」の場合，つまり，買う人自らが判断する「価値」が目の前に提示された「価格」を上回っている場合に，得だと判断して買うという意思決定を行います。一方，売る人は，「売る人の「価値」」≦「価格」の場合，つまり，売る人は目の前に提示された「価格」が自らが判断する「価値」を上回っている場合に，得だと判断して売るという意思決定を行います。そして，「価格」とは，売る人と買う人がそれぞれ考える「価値」の妥協点，合致点といえます。

　この考え方はM&Aでも非常に重要となります。売り手のM&Aアドバイザーとしては，売り手の経営者が考える自分の会社の価値と，買い手候補先が考える価値の合致点を見つけながら交渉を行うことが必要となります。そのためには，売り手の経営者が考える「価値」を見ながら，かつ，買い手候補先が考える「価値」を想像しつつ，M&Aの売買価格を決めていくことが大切です。

188

⑵　売買価格を検討するときのポイント

　非上場会社には，上場会社のような「株価」が存在しません。つまり，売り手と買い手が取引を成立させるための客観的な「価格」が存在しません。その一方で，会社は，一定の事業目的のために組織化され，有機的一体として機能しているものであるため，売り手，買い手が考える「価値」は必然的に主観的なものとなります。

　このような前提で，売り手のM&Aアドバイザーの大きな業務の１つが，売り手である経営者および買い手候補先に提示する「売買価格」の検討です。収益還元法や年倍法などの方法で導き出された結果をそのまま「売買価格」として利用すると，思わぬ落とし穴にはまることもありえます。そのため，売り手のM&Aアドバイザーとして，「売買価格」を検討する際の留意点やポイントを説明したいと思います。

①　M&Aの売買価格の調整過程

　図表6－5は，M&Aにおいて，売り手と買い手の「価値」と「価格」の調整過程を簡単にまとめたものです。

【図表6－5】売り手と買い手の「価値」と「価格」の調整過程

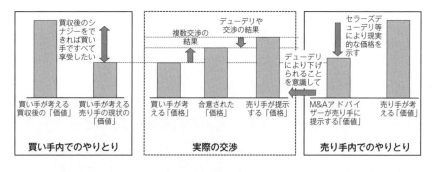

(i)　買い手側の「価値」に対する考え

　通常M&Aを実施しようとしている買い手候補先は，魅力ある売却案件が出てきた場合，真っ先に「どのようなシナジー効果があるのか」を頭の中に浮かべます。本来であれば，そのシナジー効果を定量化し，買収後得られるであろう「価値」を試算しますが，上場企業でもこのシナジー効果の定量化をしている会社は少ないことを考えると，非上場会社ではほとんど期待できません。ただ，非上場会社の経営者は漠然ながらも，この「価値」を頭に浮かべながらM&Aを検討することとなります。

　その一方で，このM&A後のシナジー効果はできるだけ買い手のみで享受したいため，基本的に買い手は，M&A検討時点での売り手単独の「価値（スタンドアローン価値）」で買い取りたいと考えます。それもできるだけリスクを抑えた「価値」で買収したいと考えるのです。

(ii)　売り手側の「価値」に対する考え

　一方，売り手の経営者はというと，「価値」を数字として示すだけの知識はないものの，自分が今まで経営してきたという自負から，自社には非常に高い「価値」があると漠然と考えている方が多いです。特に社歴が長く，帳簿上の純資産が大きい会社は，純資産という比較的わかりやすい数字が目の前にあるため，実際の「価値」に比べ，高望みしてしまう傾向にあります。

　高望みしたままの売り手のM&Aアドバイザーとして買い手と交渉すると，当然買い手は見つけられない可能性が高くなります。その結果，本来の目的であった事業承継ができず，清算・廃業をしなければならない可能性も出てきます。運良く買い手が見つかったとしても，交渉の中で実態との乖離を指摘され，売買価格の値下げ要求をされることとなり，売り手の経営者からの信頼が揺らぐ可能性が出てきます。

　このようなことが起こらないように，M&Aアドバイザーとして，株式価値の計算方法を用いて，できうる限り売り手の目線を下げて，より現実的な「価値」を売り手の経営者に示すことがM&Aを成立に導くための1つのポイントとなります。

(iii)　**実際の交渉**

　実際の交渉にあたっては，まず，売り手のM&Aアドバイザーが買い手候補先に売却希望価格を提示します。そして，その後買い手候補先との交渉の結果，売り手と買い手が双方合意した金額が売り手企業の株式の「売買価格」となります。

　この交渉において，売り手のM&Aアドバイザーとして気をつけるべきところが2つあります。

　1つ目は，買い手候補先に提示する売却希望価格は，売り手の経営者に提示した現実的な「価値」ではなく，その後の交渉で値下げされることを考慮した金額とすることです。事業承継型のM&Aの場合，売り手には，どうしても売却しなければならないという心理的な弱さがあります。そうなると，どうしても交渉過程で値引きに応じなければならない場面が出てきます。また，買い手のデューデリなどが入ると，われわれ売り手のM&Aアドバイザーも知らなかったようなリスクや価格値下げ要因が出てくる可能性があります。このように交渉過程で値下げがなされる可能性を頭に入れて，売却希望価格を設定することが望ましいです。

　2つ目は，第4章の意向表明の箇所でも説明しましたが，基本合意締結までは複数の会社と交渉を行うことです。初めから1社だけと交渉すると，事業承継型のM&Aということもあり，足元を見られる可能性があります。一方，複数の会社が交渉している事実がわかれば，買い手候補先は，下手に値下げ要求などをすると候補先から外されてしまうから気をつけようと考えるようになります。

　また，複数の候補先との交渉はオークションに近く，買い手候補先は最終候補に残るために，できるだけ売り手の希望する価格に近づけようとするため，安易な値下げを防ぐことができます。そして，複数の候補先から意向表明を出してもらえば，売り手の経営者としても自分の会社の価値がどの程度なのか理解できるというメリットもあります。1社だけの提示だと，「もっとうちの会社には価値があるはずだ。別のところだったら，もう少し出してもらえるは

ず」という思いに至ってしまう可能性もあります。複数の会社から意向表明を
もらうことにより，売り手の経営者に納得感を与えるとともに，売り手の「価
値」と買い手の「価値」を近づけることができます。

②　年倍法のみで挑むことのリスク

　事業承継型のM&Aの実務では，あたかも年倍法が万能の評価であり，これ
で売買価格を決定するのが当たり前だという風潮が見られます。しかし，そも
そも年倍法は株式価値評価の手法ではなく，直接売買価格を計算する方法とい
えます。つまり，「価値」は無視して，「価格」を直接出しているのです。

　売り手も買い手も無意識のうちに自分の考える「価値」と年倍法で計算され
た「価格」とを比較して，安い，高い，妥当と意思決定することになります。
しかし，実務を見ているとその「価値」が漠然としており，数値化されていな
いため，誤った意思決定をしていることが多いです。

　ここで，誤った意思決定をしてしまう可能性のある事例を見てみたいと思い
ます。

＜事例１：多額の純資産があるにもかかわらず，最近の利益水準が低いケース＞

　社歴の長い事業承継型のM&Aに多いパターンです。過去に業績が安定して
いたため内部留保が厚い一方で，経営者が高齢になり最近の業績は低迷気味な
会社です。

　評価結果で見ると，収益還元法による価値が実態純資産の価値を大幅に下回
ります。純資産の価値の源泉が工場などの不動産の場合，300百万円の投資回
収はこの工場＝事業資産の売却に依存することとなり，買い手としては売り手
単独では事業継続する意味が見出せないといえます。

　このようなケースでは，売り手だけの価値（スタンドアローン価値）で考え，
買い手の投資として本来支払うことができるのは収益還元法で計算された価値
である100百万円となります。それにもかかわらず，年倍法で計算した330百万
円で交渉してしまうと，実態純資産をも上回る金額であるため，買い手が見つ
からない可能性が出てきます。

【図表6−6】多額の純資産があるものの利益水準が低いケース

数値①：実態純資産300百万円/直近3年平均の税引後営業利益：10百万円

数値②：事業外資産＝有利子負債等/割引率10%と仮定/のれん年数：3年

修正簿価純資産法　　　　　年倍法　　　　　　収益還元法

株式価値
300百万円

株式価値
330百万円

株式価値
100百万円

売り手のM&Aアドバイザーとしてのアドバイス例としては，以下のようなことが考えられます。

- 売り手の経営者には，まず収益力（収益還元法）と資産価値（修正簿価純資産法）に大きな乖離がある旨を説明
- 修正簿価純資産法を上限，収益還元法を下限にM&Aを進めるアドバイス
- 買い手に提示する希望売買価格は，上限額の修正簿価純資産法の300百万円と伝え，この価格をもとに複数の候補先との交渉を行うことで，できうる限り上限に近づけると説明

このようなケースの場合，清算・廃業のほうがいいのではと思われるかもしれません。たしかに，M&Aでの売却金額と清算配当額がほとんど同じになる可能性もあります。ただ，税金面を考えた場合，手取額はM&Aのほうが確実に多いのに加え，会社の継続には一定の社会的意義があるということを考えると，M&Aにより会社を承継させる意味はあると考えます。

<事例2：労働集約型のビジネスモデルで一定の利益が確保できているケース>

人材派遣会社やIT会社などの労働集約型のビジネスモデルの会社のM&Aに多いパターンです。非常に少ない資産で一定の利益を上げるような会社です。

【図表6－7】 少ない資産で一定の利益水準を確保しているケース

数値①：実態純資産80百万円/直近3年平均の税引後営業利益：20百万円

数値②：事業外資産＝有利子負債等/割引率10％と仮定/のれん年数：3年

修正簿価純資産法	年倍法	収益還元法
		株式価値 200百万円
	株式価値 140百万円	
株式価値 80百万円		

　評価結果を見ると，収益還元法による価値が実態純資産の価値を大幅に上回ります。多額の設備投資を必要としない労働集約型のビジネスの場合，資産の価値はほとんど意味がなく，買い手側はどれだけ収益が稼げるのか，どれだけビジネスが伸びるのかという視点で投資判断をすることとなります。

　このようなケースでは，利益が安定しているため，投資回収の指標となる収益還元法で計算した200百万円が買い手の価値の判断基準になると考えられます。仮に売り手が年倍法で計算した140百万円で交渉してきた場合には，今後のシナジー効果を考えると割安感がある価格といえます。一方，売り手の経営者からすると，M&Aアドバイザーから年倍法で売買価格を提示された場合，非常に安価な提案だと考え，不満を持たれる可能性があります。最悪の場合，信頼を失い，M&Aアドバイザーから降ろされてしまう可能性もあります。

　売り手のM&Aアドバイザーとしてのアドバイス例としては，以下のようなことが考えられます。

- 売り手の経営者には，資産価値（修正簿価純資産法）を大きく上回る収益力（収益還元法）がある旨を説明
- 収益還元法の結果である200百万円を希望売買価格として，複数の候補先と交渉をしながらM&Aを進めることをアドバイス

> • 事業承継型のM&Aの場合であれば，売却することを迫られているため，値下げさせられる可能性がある旨を伝え，これらの数値を踏まえて最低どのくらいで売却したいのかを売り手の経営者に聞く

　このようなケースでは，仮に清算・廃業した場合，実態純資産が配当金の上限となるため，売り手の経営者が清算・廃業するメリットはどこにもありません。ただ，一定の収益力があるからといって，収益還元法を上回るような高望みをしてしまうと買い手がすぐに見つからない可能性が出てきます。それでは本当の目的である事業承継を達成できず，本末転倒になる可能性があります。売り手のM&Aアドバイザーとしては，あくまでも収益還元法での価値を上限としてみてもらい，高望みはせず，納得のできる金額での売却を目指すことを勧めることも必要です。

　これらのケースのように，年倍法だけで計算した結果を売り手の経営者に説明したり買い手に対して提示することには，M&Aアドバイザーにとって一定のリスクがあります。少なくとも，本書で説明した評価手法である収益還元法と修正簿価純資産法で計算した株式価値と年倍法による計算結果を比較したうえで，顧問先である売り手の経営者や買い手候補先に説明する「売買価格」を決めることが望ましいのです。

(3) どのステップで株価評価が必要となるの？

　M&Aアドバイザーとして，売買価格の設定は非常に重要な業務の1つです。
　では，この売買価格の基礎となる株価評価はどの段階で実施するのでしょうか？

① 売り手のM&Aアドバイザーの場合
　売り手のM&Aアドバイザーとして株価評価を行うのは，「買い手の探索と選定」フェーズの「事前準備」のステップとなります。M&Aのプロセスを見てもわかるように，非常に早い段階で株価評価を行う必要があります。

　M&Aマッチングサイトに案件を掲載する段階で，売却希望金額を記載する必要が出てきます。また，掲載後の買い手との交渉で提示する企業概要書（IM）では，売却希望金額を明確に記載しなければなりません。M&Aマッチングサイトや企業概要書（IM）に売却希望金額を記載するためには，その前の段階，つまり「事前準備」のステップで売り手の経営者と目線合わせをしておかなければなりません。

　この時点での株価評価の結果と売り手の経営者との目線合わせの結果が，M&A全体における売買価格に大きな影響を与えることとなります。そういう意味では，非常に重要な業務といえます。

　もう１つ，株価評価を行ったほうがいいステップがあります。それが，売り手の経営者からの相談時点です。事業承継型のM&Aの場合，売り手の経営者としては，M&Aを実施した場合，どの程度の株価で売却できるのかは，意思決定上非常に重要です。また，経営者にM&Aのメリットを説明するための手取額のシミュレーションを行ううえでも，株価予想額は大切な情報となります。

　この時点で株価評価を行うにあたっては，会計事務所は一般のM&Aアドバイザーに比べると非常に有利です。会計事務所は，顧問先であるため，売り手の経理関係の情報をすでに持っているためです。決算書などだけでも大まかな株価評価は可能です。簡易でもいいので，株価評価のシミュレーションを行ったうえで相談を聞きにいくと，経営者に納得や安心をされ，受注につながりやすいと思います。

②　買い手のM&Aアドバイザーの場合

　では，買い手のM&Aアドバイザーの場合はどうでしょうか？　本書は，売り手のM&Aアドバイザーになることを前提として説明をしているため必要ないかもしれませんが，交渉などを行うことを考えると，買い手にとって株価評価が必要となるタイミングは知っておくべきです。

　買い手のM&Aアドバイザーの場合，どの時点で買い手候補先の企業からアドバイザリー業務を委託されるのかにもよりますが，仮にネームクリアがなさ

れ，売り手側から企業概要書（IM）を入手した時点という早い段階で業務を受注したとします。

　M&Aアドバイザーとしては，まず初めに買い手候補先から企業概要書（IM）の提供を受けた段階で株価評価を行います。この時点では企業概要書（IM）で提供されている情報が正しいものとして株価評価を行い，売り手が提示している売却希望金額との比較などを行います。ここで買い手のM&Aアドバイザーが出した株価と売却希望金額との間に大きな乖離があるのは問題外ですが，多少の乖離であれば，買い手のM&Aアドバイザーは積極的にM&Aを進めようとアドバイスすることとなります。

　なぜならば，買い手候補先がM&Aを実行しないとM&Aアドバイザーとしての報酬が得られないからです。少なくとも意向表明までは進んでほしいという願いもあり，買い手候補先にとって十分メリットのある案件と判断すれば，買い手のM&Aアドバイザーがこのような行動をとる可能性があることを知っておく必要があります。

　次に買い手のM&Aアドバイザーが株価評価を行うタイミングは，デューデリ終了後です。デューデリでは，基本合意前までに売り手が出していた情報が正しいのか，追加でリスクなどがないかを確認します。買い手のM&Aアドバイザーは，デューデリで発見されたことを反映させて再度株価評価を行い，基本合意書で合意した売買価格から値下げをする必要があるのかどうかを判断することとなります。根拠のない売買価格の値下げ交渉は，M&Aをブレイクさせる要因となるため，常識のある買い手のM&Aアドバイザーは株価評価なしには実施しないはずです。

　買い手のM&Aアドバイザーが株価評価をする場面は，大きく分けてこの2つになろうかと思います。なお，上場会社が買い手の場合や，正式な形で「株価評価報告書」などの提出を求められる場合には，割引率なども適切に計算し，株価評価を行う必要があります。その際はM&Aアドバイザーとしてのリスクを回避するうえでも，株価評価の専門家に依頼するか，サポートをしてもらうことをお勧めします。

3 デューデリって何をやるの？

　M&Aアドバイザーの知識として，株価評価と同じくらい重要となるのが，デューデリの知識です。会計事務所でイメージするデューデリとはどのようなものでしょうか？　もしかしたら，貸借対照表を修正することがデューデリと思われている方も多いのではないかと思います。買い手候補先からの依頼で財務デューデリを引き受ける際には，それでも十分な場合もありますが，M&Aアドバイザーに求められるデューデリは財務面だけとは限りません。

　ここでは，デューデリを実施する目的やその種類に加え，少なくとも売り手のM&Aアドバイザーとして注意しておく必要がある調査のポイントなどを説明していきたいと思います。

(1) デューデリの目的と種類

　デューデリとは，一定の行為者がその行為に先んじて払ってしかるべき正当な注意義務および努力のことをいい，M&Aの世界では，M&A実行に先んじて行われる調査（財務・税務・法務など）のことをいいます。合併や株式移転などの特殊なスキームでのM&Aを除けば，通常買い手側が売り手側に対して実施するものとなります。

① デューデリを実施する目的

　デューデリについては，しばしば耳では聞くものの，実際に業務として引き受けたことのある会計事務所はまだまだ少ないのではないでしょうか。

　M&Aにおけるデューデリの目的は，ⅰ）リスクの把握（Risk），ⅱ）売買価格の調整（Price），ⅲ）最終譲渡契約書への反映（SPA），ⅳ）買収後の統合（PMI）の4つだといわれています。

　1つ目の目的「リスクの把握」とは，M&Aを実行していくうえでの障害や M&A実行後に発生する可能性のあるリスクなどを洗い出すことです。当然，このリスクには大きいものと小さいものが存在しますが，大きいリスクは M&Aの交渉がストップしかねないものに発展するため，見過ごすことができません。

　2つ目の目的「売買価格の調整」とは，文字通り売買価格に反映させるべき項目がないかどうかを調査することです。会計事務所に一番なじみのある「貸借対照表の修正」は，この目的を達成するために実施する調査の1つといえます。

　3つ目の目的「最終譲渡契約書への反映」とは，表明・保証項目やM&A成立の前提条件に入れるべき内容がないかどうかを洗い出すことです。M&Aは資本提携に関わる契約と位置づけられるため，この最終譲渡契約書に反映させるべき内容がないかどうかを調査することとなります。

　そして，4つ目の目的「買収後の統合」とは，M&A成立後に対応すべきことや解決すべき問題などを洗い出すことです。M&Aの成立＝M&Aの成功ではなく，M&Aの真価が問われるのはM&A成立後の対応です。その成立後に対応しなければならないことを調査で把握し，スムーズかつ効果的な統合を行うことがM&Aの成功の近道となります。

　売り手のM&Aアドバイザーとしては，1つ目から3つ目の目的を意識しながら，セラーズデューデリの実施，デューデリの受入れなどを実施していくことになります。

②　デューデリの種類

(i)　種　類

　一般的にデューデリといってもその内容は多岐に分かれます。図表6-8で示したものが主なデューデリの種類と内容，そしてそれに携わる専門家です。

【図表6-8】デューデリの種類

種　類	内　容	専門家
財務DD	・ターゲット会社のFS（BS，PL，CF）の調査・分析 ・実態純資産の把握，正常収益力の分析，事業計画の分析 　など	・公認会計士 ・税理士
税務DD	・ターゲット会社の税務申告書の調査，過去の税務調査の 　概要把握，移転価格税制に対する対応，過去の組織再編 　に係る税務処理の把握　など	・税理士
法務DD	・ターゲット会社の法務関係の調査・分析 ・各種契約書のレビューと問題点の把握，株主関係・株式 　関係の法的状況の把握，特許・知財の法的状況の把握 　など	・弁護士
ビジネスDD	・ターゲット会社の内部環境，外部環境の把握，それに伴 　う将来事業計画に与えるインパクト，ビジネスイシュー 　の把握　など	・業界専門コン 　サルタント
人事DD	・ターゲット会社の役員，従業員の給与体系や給与水準の 　把握・分析，従業員の構成比率分析，未払賃金の有無の 　把握，待遇の法的面からの分析　など	・弁護士 ・社会保険労務 　士

　この他にも，保有する不動産に関わるリスク（市街化調整区域，土壌汚染リスクなど）については不動産鑑定士などの調査や，複雑なスキームによるM&Aの場合には公認会計士や税理士がリスク分析などを行うことがあります。

　このように，デューデリにはさまざまな種類があるとともに，1つのデューデリにおいても実施する内容や手続は無限に存在します。また，デューデリはどれだけの時間と労力をかけたとしても，リスクをゼロにすることはできません。これが，「デューデリの限界」といえます。

　そのため，通常デューデリを行う際には，①調査に与えられた「時間」，②調査にかけることのできる「コスト」，③実施できる「調査方法」といった一定の制約のもとで，実施するデューデリの種類とその内容を取捨選択します。当然，実施しなかったデューデリの項目や内容については，買い手がそのリスクを享受する形でM&Aが進められることとなります。

　小規模のM&Aの場合，コストをかけたくないという考え方から，これまで

はデューデリを全く実施せずM&Aを進める案件が多かったのですが，近年では，少なくとも「売買価格の調整」目的のために買い手による財務デューデリだけは実施することが多くなっているように感じます。

(ii) 売り手と買い手が実施するデューデリの違い

　一般的にデューデリとは，基本合意締結後に，先ほどの4つの目的を達成するために，買い手が売り手に対して実施する調査のことをいいます。つまり，買い手もしくはその買い手が依頼した専門家による売り手への「バイサイドデューデリ」のことを指します。

　その一方で，売り手側で実施するデューデリもあります。それを「セラーズデューデリ」といいます。セラーズデューデリは大規模のM&A以外では，通常は売り手のM&Aアドバイザーが，売り手の実態やリスクの把握，適切な売買価格や諸条件を決めることを目的に実施します。

　実施する目的は大きく変わりませんが，2つのデューデリはその立場の違いから実施される時期，実施者や実施内容などに相違点があります。

　まず実施時期は，バイサイドデューデリが基本合意締結後に実施されるのに対して，セラーズデューデリは企業概要書（IM）作成時期，M&Aマッチングサイトの活用を前提とするのであれば，登録以前の事前準備段階で行われます。

　次に実施者は，バイサイドデューデリが通常デューデリの種類ごとに選定された各専門家（公認会計士，税理士，弁護士など）が実施するのに対し，セラーズデューデリはM&Aアドバイザーが実施するのが一般的です。

　さらに実施内容は，バイサイドデューデリが買い手候補先からの要望に基づいて決定された調査内容に従って行うのに対して，セラーズデューデリはM&Aアドバイザーが任意で決めた内容で行います。

　最後に報告形式は，バイサイドデューデリが「調査報告書」という形で正式な書類として買い手候補先に提出・報告されるのが一般的であるのに対し，セラーズデューデリには特段の報告や報告書の提出は求められません。

③　セラーズデューデリの必要性

バイサイドデューデリについては，M&Aを進めるためのステップにも含まれており，先ほど説明したとおりM&Aを進めるうえで必要な作業であることが理解できたと思います。その一方で，セラーズデューデリは実施者も専門家ではないM&Aアドバイザーであり，実施する内容も決まっておらず，売り手の経営者への報告なども行わないのであれば，何のために実施するのでしょうか？

答えは，「M&Aをスムーズに進めるため」，「交渉条件とリスクを把握するため」の2つです。

(ⅰ)　M&Aをスムーズに進めるため

「第4章　M&Aマッチングサイトを活用して買い手を探そう！」でも説明しましたが，M&Aマッチングサイトで買い手候補先を探す場合，複数の候補先と同時に交渉を進めることとなります。この段階で各候補先からなされる質問は，ほとんど同じようなものであり，その質問にその都度答えるのはM&Aアドバイザーの業務として非常に煩雑なことです。また，場合によっては誤った回答をしてしまうリスクもあります。

このようなことを避けるために，セラーズデューデリを実施した結果を企業概要書（IM）という形でまとめておき，それを各候補先に提出すれば，共通的な質問にほとんど回答できます。ある意味でこの企業概要書（IM）がセラーズデューデリの成果物であり，これによりM&Aアドバイザーの業務の効率化を図ることができるといえます。

なお，売り手のM&Aアドバイザーとして作成すべき，企業概要書（IM）の内容などの詳細は，第4章の「6　候補先と効率よく交渉を：企業概要書を提出しよう！」をご覧ください。

(ⅱ)　交渉条件とリスクを把握するため

売り手のM&Aアドバイザーとしては，M&Aを進めるにあたって，まず売り手の経営者との売却希望価格の目線合わせが必要となります。売却希望価格をM&Aアドバイザーが計算するにあたっては，価値評価手法（収益還元法，

修正簿価純資産法，年倍法）を用います。ただ，非上場会社の場合，帳簿上の簿価純資産は実態からかけ離れており，利益金額にも過大な役員報酬，節税目的の保険や一時的な損益が含まれている可能性があります。このままでは適切な価値計算ができないため，実態純資産の把握，損益の正常化の調整を行うために，セラーズデューデリを実施することとなります。

　小規模の非上場会社の場合，法令遵守が完全な形でなされている会社はほとんどありません。些細な法令違反がただちにM&Aの実行を妨げるわけではありませんが，M&Aを成立させることができないほどのビッグイシューと呼ばれるリスクが，売り手企業に存在していないかどうかを把握しておくことは大切です。これを見過ごすと，M&Aプロセスを進めていったとしても，バイサイドデューデリで発見されれば，そこでM&Aが不成立となり，そこまでの努力が水の泡になりかねません。

　また，ビッグイシューとまではいかないものの，買い手候補先がM&A実行の検討にあたってリスクと考える事項については，その後の交渉などをスムーズかつ有利に進めるためにも，売り手のM&Aアドバイザーとしても把握しておく必要があります。たとえば，キーマンとなる従業員の退職の可能性やM&A後の取引先の離脱の可能性，過去の株主変遷の不明確さなどがそれに当たります。これらの事実が存在するだけでM&Aをやめるという判断には至らないまでも，売買価格の決定や最終譲渡契約書（SPA）の作成段階で交渉の材料となる可能性があります。

　このようなリスクが売り手にないことを確認するためにも，買い手目線でのセラーズデューデリが非常に有効になります。

　会計事務所が顧問先のM&Aアドバイザーを務めるのであれば，財務情報の入手は容易であり，かつ，顧問先が抱えるリスクもある程度把握ができていると思います。セラーズデューデリの大部分ができているともいえ，それほど手間や時間をかけずに企業概要書（IM）の作成ができると思います。M&Aをスムーズに進めることはもちろんのこと，M&A成立の確率を上げることにもつながるため，セラーズデューデリを実施してください。

(2)　主な調査のポイント

　ここでは，M&Aアドバイザーとしてどのようにセラーズデューデリを進めていくのか，また，どのようなところに注意して調査すべきなのかについて説明したいと思います。

①　セラーズデューデリの進め方

　そもそもセラーズデューデリは実施してもしなくても構わない業務であることから，その進め方に決まりはありません。そのため，ここでは私のセラーズデューデリの進め方を説明していくこととします。

(i)　資料の収集

　先ほど説明したとおり，セラーズデューデリの成果物は，企業概要書（IM）となります。そのため，まず，企業概要書（IM）を作成するために必要な情報を売り手の経営者に依頼することから始めます。単なる資料依頼と思われる方がいるかもしれませんが，この作業がセラーズデューデリにとって非常に重要となります。

　調査に必要な書類や資料が会社の中に存在しないということは，いずれ実施されるバイサイドデューデリの際にその項目は調査ができないと判断され，リスク項目に該当することとなります。必要な資料が揃っていない，存在しないということは，根拠のない資料に基づく意思決定や財務数値が存在する可能性を示しており，買い手に潜在的なリスクを抱えていると判断されることとなります。

(ii)　ビジネスの理解

　次に，売り手の会社が経営しているビジネスの理解をします。なぜなら，財務数値も契約書の資料もすべて会社のビジネスに絡んでいるからです。ビジネスの理解なしに細かな調査などを行っても，木を見て森を見ずということになり，リスクなどを見過ごす可能性があります。

　なお，どの業界にもその業界ならではの商慣習や取引などが存在します。そ

の中には共通するリスクを抱えている場合があることから,「業界の基礎知識」はある程度事前に把握しておくことが大切です。

(iii) 財務数値の比較

会社全体のリスクを把握するうえでもう1つ有効なのが,過去3年から5年程度の財務数値を比較することです。3期から5期くらいの増減内容を見ることで経営の動きなどがわかるとともに,通常ではない数値の動きなども把握することができます。

(iv) 調査方法の基本はヒアリング

最後に調査の方法ですが,基本は経営者へのヒアリングです。細かな書類や数値を眺めるよりも,ヒアリングした内容と入手した資料や情報の分析結果との整合性や矛盾を調べることで,大きなリスクや懸念事項は把握することが可能です。

特にセラーズデューデリの場合には,細かなリスクや修正内容を発見することよりも,大きなものを事前に把握することが目的であることに照らしてもヒアリングが最も有効です。仮に売り手の経営者が嘘や隠し事をしたとしても,最後は自分に跳ね返ってくることになることを事前に伝えておけば,こちらから質問さえできれば,リスクの大部分は把握できるはずです。

このような形でセラーズデューデリを進めていき,株価評価に必要な純資産の修正と利益の調整を行い,企業概要書(IM)を作成していくこととなります。

これだけ見てみると,セラーズデューデリはそれほど難しいことをするわけではないことが理解できたと思います。さらにいえば,顧問先が売り手である場合には,日頃の巡回監査などによりそのほとんどの業務が終わっているともいえます。資料の一部はすでに入手できており,長年の付き合いからビジネスの理解もあり,財務データの比較も会計システムですでに実施済みだからです。この点からも会計事務所が顧問先の売り手のM&Aアドバイザーを務める優位性があるといえるのです。

②　非上場会社でよく見られる懸念事項

　世の中に全く同一の会社が存在しないように，会社が抱えている懸念事項もそれぞれ異なります。また，実施されるデューデリの内容やレベルによって発見される懸念事項も異なります。

　しかし，非上場会社においてよく見られる懸念事項というものが存在します。その主なものを以下で説明していきたいと思います。買い手の目線での説明となりますが，売り手のM&Aアドバイザーとしても顧問先がこのような懸念事項を抱えていないか確認しておくことは重要です。なお，M&Aアドバイザーとして把握すべきことを列挙しているため，当然財務に関係のないものも含まれています。

(i)　株主・株式

○　株式が分散しているケース

　　100％の株式譲渡が事業承継型のM&Aの基本です。そのため，一部の株主から譲渡を反対されるとM&Aが不成立となる可能性があり，大きなリスク要因となります。

　　株式が分散している場合には，事前に集約しておくか，最終譲渡契約締結日からクロージング日までに集約するなど，100％取得ができるような手立てをM&Aアドバイザーとして講じる必要があります。

○　最新の株主名簿の株主が本当の株主か不明なケース

　　社歴が長い非上場会社の場合，過去の株主変遷に関して，取締役会などの議事録が適切に作成されていないことがほとんどであるため，M&A実行時における株主が本当の株主かどうかを判断することが難しい場合があります。仮に真の株主でない者から株式を譲渡されてもそれ自体無効となる可能性があるため，大きなリスク要因となります。

　　社歴の長い会社で，過去に遡って最新の株主が真の株主であることを証明することは非常に困難です。M&Aを前に進めていくためにも，最終的には最終譲渡契約書（SPA）の表明・保証で対応することになることを売り手，買い手に説明する必要があります。

○　定款上株券発行と記載があるにもかかわらず株券が発行されていないケース

　　旧商法下で会社を設立した非上場会社の中には，このような会社が多く存在します。株券を発行している以上，株券の授受が株式譲渡の証となるため，株券を発行していないままM&Aを進めることは買い手にとって非常に大きなリスクといえます。

　　非上場会社の場合には，準備段階で株券不発行会社に変更する手続を行うか，株券発行手続により株券を作成した後に，株式譲渡を行うなどの対応を売り手のM&Aアドバイザーとして行う必要があります。

(ii)　**関連当事者との取引**

○　会社保有資産に個人利用の資産が含まれているケース

　　会社の財産に個人利用の資産が存在する場合には，買取りなどの対応が必要となります。なかには株価にも影響を与えるケースもあるので注意が必要です。車やゴルフ会員権などによく含まれています。

　　個人利用の資産に該当するものは，事前準備段階で経営者へヒアリングするなどして把握しておく必要があります。また，その後これらの資産についてどのような対応（買取り，廃棄，現状維持）を希望するのかを売り手の経営者と相談しておくことをお勧めします。

○　オーナーもしくはその者が運営する会社との取引があるケース

　　オーナーやその家族，またそれらが運営する会社を総称して「関連当事者」といいます。関連当事者との取引は，会社とオーナーとの間で利益相反となり，優遇条件での取引や不明瞭な取引が発生しやすくなります。

　　M&Aアドバイザーとしては関連当事者に該当するような会社の有無をヒアリングするとともに，存在する場合にはその取引内容，取引実績，条件などを把握しておく必要があります。なぜならば，買い手としては，関連当事者取引について，M&A成立後の継続の要否判断に加え，M&A前後で損益実態が変わる可能性を把握する必要があるためです。

(iii)　**契約書（取引先）**

○　チェンジ・オブ・コントロール（COC）条項が存在するケース

　　チェンジ・オブ・コントロール条項とは，契約対象者の株主が変更となった場合，当該契約の停止やその事実の事前伝達が求められる契約上の規定です。

　　取引先との契約書の中にチェンジ・オブ・コントロール条項があると，取引先との継続的な取引がM&Aにより解除されてしまうリスクがあります。M&Aアドバイザーは，取引先との取引継続がM&Aの重要なポイントである場合には，主要な取引先との契約書を閲覧するなどして，チェンジ・オブ・コントロール条項の有無を把握しておくことをお勧めします。

(iv)　**人事関係**

○　経営者以外に経営上のキーマンが存在するケース

　　中小企業の場合，社員数が少ないことから，そこで行われている業務は属人的になさざるを得ません。経営者の場合は，一定の引継期間を設けてノウハウなどを引き継ぎますが，経営者以外にキーマンがいる場合，その人に退職されると経営が立ち行かなくなる可能性があります。

　　経営を継続していくうえで重要なキーマンが存在する場合には，その人物を特定しておくとともに，M&A後に退職する可能性なども事前に把握しておく必要があります。場合によっては，キーマンについては，クロージングの前にM&Aを進める旨を伝えて，協力を仰ぐこともM&Aアドバイザーとして検討すべき事項となります。

○　未払残業代が発生する可能性があるケース

　　働き方改革が叫ばれる昨今，未払残業代は大企業だけでなく，中小企業でも問題となっています。未払残業代は，どの会社でも発生する可能性があり，M&Aを実行するうえで，大きな懸念事項になりつつあります。

　　未払残業は，自己申告，もしくは労基署からの指導などがなされて初めて顕在化するものです。また，未払残業には，タイムカードなどの客観的なデータでは把握できないいわゆるサービス残業も含まれます。このような特

性を有するため，M&Aを進める間で，潜在的な未払残業代というものを適切に把握することは実質的に不可能といえます。

そのため，M&Aアドバイザーとしては，社員の働き方や残業時間の把握方法などをヒアリングし，未払残業代の発生可能性がどの程度なのかを理解するとともに，M&Aを前に進めていくためにも，最終的には最終譲渡契約書（SPA）の表明・保証で対応することになることを売り手，買い手に説明する必要があります。

(v) 担保・保証

○ 経営者による個人保証や個人資産が担保に入っているケース

売り手の経営者による個人保証や個人資産が担保提供されている場合，M&A実行後に解除してもらう必要があります。そのためにも，どのような個人保証があるのか，個人資産が担保提供されているのかをM&Aアドバイザーとして把握しておく必要があります。

個人保証は，金融機関からの借入の他に，事務所や店舗などの賃貸借契約，リース契約などに課せられている場合が多いです。

(vi) 不正・訴訟

○ 過去に不正や訴訟が発生していたケース

過去に従業員などによる不正や訴訟が発生していた場合，同じようなリスクが潜在的に発生している可能性があります。

そのため，過去に発生した不正や訴訟の原因などを経営者にヒアリングして，どのように再発防止を図っているのかを確認してください。なお，M&Aの進行中に抱えている訴訟に関しては，偶発債務に該当するため，その内容，敗訴リスクなどを把握する必要があります。

(vii) 財務（資産・負債・損益）

中小企業に対する財務に係るデューデリの一番の目的は，株価評価の計算と売却希望価格の目線合わせです。この株価評価のために，実態純資産の把握と損益の正常化の調整を行うこととなります。そのため，デューデリにおいて発見すべき内容やポイントなども必然的に株価評価のときと同じ内容となります。

　財務に関しては，この他にも，支払を留保している債務や滞納している債務の有無，直近における急激な業績悪化や資金繰りの悪化の有無などは，買い手が経営を継続するうえでの懸念事項となることが想定されます。そのため，このような事実が発生していないかを確認しておく必要があります。

(viii)　税　務

○　過去の税務調査で指摘された事項があるケース

　過去の税務調査で指摘されている事項がその後改善されていない場合には，M&A実行後の次回の税務調査でも同じ指摘を受ける可能性があります。また，税務調査が未実施となっている決算期については，M&A実行後の調査で指摘を受け，場合によっては追徴課税となる可能性があります。

　ただし，税務調査については，調査が入り，指摘を受けて初めて顕在化する債務といえるため，明らかに誤りというものではない限り，最終譲渡契約書（SPA）における表明・保証で対応するのが一般的です。

③　ネガティブな情報も積極的に開示すべき

　売り手のM&Aのアドバイザーが行うセラーズデューデリは，バイサイドデューデリのように詳細に実施する必要性はありません。ヒアリングを中心に，できうる限り短時間で進めることが大切です。しかしながら，M&Aの進行への障害や検討していくべきリスクは，事前準備段階でできうる限り把握しておく必要があります。この段階で把握しておくことで交渉を有利に進めることもできますし，M&Aプロセスで適時に対応が可能となります。

　セラーズデューデリで発見される事項のほとんどは売り手にとってネガティブな情報です。ネガティブな情報を出せば，買い手が検討することを躊躇したり，売買価格が希望価格より下回ったりする可能性は高くなります。

　では，M&Aアドバイザーとしては，このようなネガティブな情報は隠しておいたほうがいいのでしょうか？　それとも積極的に開示していったほうがいいのでしょうか？

　もしかしたら，M&Aアドバイザーによって答えは違うのかもしれません。

　私は，事業承継型のM&Aを考えた場合，積極的に買い手候補先に開示して，その情報を含めて検討してもらうことが大切だと考えています。

　事業承継を前提に考えると，買い手候補先は自分の会社を引き継いでくれる可能性のある会社です。ありのままを見てもらい，ネガティブな情報も含め，正当な評価を得たうえで，引き継ぎたいと思っていただくことが大切なはずです。そのためにも，M&Aアドバイザーがセラーズデューデリで把握したネガティブな情報は積極的に開示していくことが大切となります。

　ネガティブな情報を開示せずM&Aを進めて，買い手がバイサイドデューデリなどでその情報を把握した場合，基本合意後にもかかわらず，途中でM&Aを中止したり，値引きを要求されたりする可能性が高くなります。基本合意後のM&Aの中止はすべての関係者を落胆させるとともに，彼らにコストを負担させることになります。また，基本合意後は売り手の立場が弱くなるため，値下げ要求も強くなり，過度な要求に応えざるを得ない場合も考えられます。

　このように，関係者の努力やコストを無駄にしないためにも，そして基本合意後の値引きをできうる限りさせないためにも，ネガティブな情報は先に開示しておくことが重要です。

　仮に，経営者もM&Aアドバイザーもネガティブな情報を知っていたにもかかわらず，それを隠してM&Aを成立させたとしましょう。このネガティブな情報がM&A成立後に発見された場合，最終譲渡契約書（SPA）の表明・保証違反に該当すると，売り手の経営者に損害賠償責任が発生する可能性が出てきます。もしかしたら，われわれM&Aアドバイザーの助言がなかったとして，逆に売り手の経営者から契約違反として訴えられる可能性も考えられます。せっかく顧問先の事業承継のためにお手伝いしたにもかかわらず，これまで築いてきたすべての人間関係まで壊してしまう可能性が出てきてしまうのです。

　このように，売り手のM&Aアドバイザーとしては，事前準備の段階で可能な限りネガティブ情報を把握しておき，重要なものについては，企業概要書（IM）などで買い手候補先に事前に開示するようにしてください。

4 石田税理士はどのように株価評価を行ったのか？

　この章の最後は，これまで解説してきた株価評価とセラーズデューデリの計算をどのようなステップで行うのかについて具体的に説明したいと思います。

　なお，数値での説明にあたっては，第4章，第5章で親族外への事業承継を行ったオワリ機器を題材に，M&Aアドバイザーである石田税理士が名古屋社長との「売買希望金額の目線合わせ」の段階で行った株価評価の計算を用いることとします。

　株価評価の計算は，セラーズデューデリの結果や材料をもとに行うこととなります。そのため，大きく分けて，①財務数値の比較・分析，②ヒアリングを中心とした純資産の修正と正常化損益の把握，③株価評価の計算の3ステップで実施します。

(1) 財務数値の比較・分析

　株価評価の計算は，遅くとも売買希望金額の目線合わせの際には行う必要があります。したがって，実施する時期は，M&A業務のフェーズIである「買い手の探索と選択」の「事前準備」の段階となります。

　事前準備の段階で，入手した資料をもとに財務数値の比較・分析を行います。ただ，会計事務所は，税務顧問を務めているため，財務関係の資料についてはすでに入手して，会計システムに入力済みのはずです。そのため，そのシステムに入力済みの財務数値をもとに比較・分析を行います。

　石田税理士は，一部入手していない資料を名古屋社長に依頼している間に，すでに入力済みの財務数値を会計システムよりエクセルに出力しました。実際のオワリ機器の直近3期間の財務数値（要約版）は図表6-9のとおりです。

【図表6-9】財務3期間比較

貸借対照表
単位：千円

科目	X-2期	X-1期	X期
現預金	23,900	23,100	15,000
売上債権	16,000	17,000	18,000
棚卸資産	13,000	12,000	11,000
その他流動資産	5,000	5,000	5,000
建物	11,000	10,500	10,000
機械装置	8,000	6,500	5,000
土地	35,000	35,000	35,000
保険積立金	18,000	14,000	15,000
資産計	129,900	123,100	114,000
科目	X-2期	X-1期	X期
仕入債務	7,000	6,000	5,500
その他流動負債	9,000	9,000	9,000
短期借入金	5,000	5,000	5,000
長期借入金	80,000	70,000	60,000
負債計	101,000	90,000	79,500
純資産	28,900	33,100	34,500
負債・純資産合計	129,900	123,100	114,000

損益計算書
単位：千円

科目	X-2期	X-1期	X期
売上高	190,000	160,000	145,000
売上原価	114,000	96,000	87,000
売上総利益	76,000	64,000	58,000
販管費	68,000	60,000	59,500
営業利益	8,000	4,000	▲1,500
営業外収益	2,500	5,000	6,000
営業外費用	3,500	3,000	2,500
経常利益	7,000	6,000	2,000
法人税等	2,100	1,800	600
当期純利益	4,900	4,200	1,400

【販管費内訳】

	X-2期	X-1期	X期
役員報酬	20,000	17,000	17,000
保険料	8,000	6,500	6,500
その他	40,000	36,500	36,000

　この3期間程度の財務数値は，買い手候補先に提出する企業概要書（IM）にも添付することとなりますので，適宜科目については要約しても問題ありません。

　次に，この3期間の財務数値をもとに，過去3期間でどのようなことが起きているのかをM&Aアドバイザーなりに比較・分析します。

　実は，この点も会計事務所にとっては優位性があります。過去から税務顧問をしているため，顧問先で何が起きているのかをある程度把握できているためです。逆に，スポットで業務を受けたM&Aアドバイザーは，過去にその会社で何が起きていたのか，財務上の問題点に何があるのかなどを把握できていません。そのため，この比較・分析をしっかりと行うことが求められます。

　石田税理士は長年担当してきたこともあり，オワリ機器で起きていることはある程度理解できているため，詳細な比較・分析を行うことなく，次のステップに進みました。

(2)　純資産の修正と正常化損益の把握

　財務数値の比較と分析ができたら，次は売り手の経営者にヒアリングをするとともに，株価評価にあたって必要となる純資産の修正と正常化損益の把握を行います。

　石田税理士は，比較した財務数値とともに，勘定科目明細書を手許に置きながら，名古屋社長へヒアリングをしました。なお，この段階では，M&Aマッチングサイト上の案件情報や企業概要書（IM）の作成のために必要な情報も同時にヒアリングを行います。

　ヒアリングの結果，純資産の修正および正常化損益の把握を行ううえで，重要と考えられる以下の情報が入手できました。

- 売上高が減少しているにもかかわらず売掛金が増加傾向にあるのは，回収の遅延や，不能なものがX期末に3,000千円存在することが主な要因である。この売掛金は回収できる可能性はほとんどないというのが名古屋社長の回答であった。

- 保有している土地について，固定資産税評価額をもとに時価評価したところ，50,000千円と計算された。
- 保険積立金については，X期末時点での解約返戻金を保険会社から入手したところ，30,000千円であった。
- 名古屋社長はM&Aが成立した後は役員を退任することを希望しており，その際には一定額の退職金が欲しいとの要望である。ただ，金額的な希望は現時点ではないとの回答を得た。
- 保険料計上額のうち，3,000千円を超えるものは，役員生命保険の支払であり，M&A実行後は発生が見込まれない費用であるとの回答を得た。
- 営業外損益を見たところ，毎期2,000千円の作業屑収入が計上されていた。このほか，X−1期に保険解約益が2,500千円，X期に補助金収入が3,000千円計上されていた。なお，営業外費用はすべて借入金利息であった。

石田税理士は，この結果を踏まえて，株価評価を行ううえで必要となる実態純資産（修正簿価純資産）と過去3期間の正常化損益（営業利益）の計算を行いました。その結果が図表6−10です。

この結果について少し解説をしたいと思います。

① 実態純資産への修正

土地と保険積立金については，時価と簿価との差額を修正します。このほか，客観的な時価が測定できるものがある資産科目については，時価評価を行い調整をします。

売掛金については，貸倒引当金の税務上の損金算入要件が厳しいため，回収が見込めない債権などが簿価のまま計上されていることが多いです。今回の名古屋社長のように回収ができないと言ってもらえる場合は，この段階で修正を行っておくことが望ましいです。仮に，専門家の視点で回収不能だと考えても，経営者が回収できると言う場合には，この段階での修正は行わないものの，今後の交渉でこのことが要因で値下げ要求などをされる可能性があることだけは

【図表6－10】実態純資産と正常化損益

実態純資産　　　　　　　　　　　　　　　　　　　　　　　　　単位：千円

項目		X期
修正前簿価純資産	A	34,500
調整項目		
ⅰ）　土地の時価評価による含み損益		15,000
ⅱ）　保険積立金の解約返戻金による含み損益		15,000
ⅲ）　回収可能性が少ない売掛金		▲3,000
小計	B	27,000
修正後実態純資産＝株式価値	C＝A＋B	61,500

正常化損益　　　　　　　　　　　　　　　　　　　　　　　　　単位：千円

項目		X－2期	X－1期	X期	3期平均
調整前営業利益	A	8,000	4,000	▲1,500	3,500
調整項目					
ⅰ）　役員報酬業界平均超過額の調整		10,000	7,000	7,000	8,000
ⅱ）　節税目的の保険料の調整		5,000	3,500	3,500	4,000
ⅲ）　作業屑収入の調整		2,000	2,000	2,000	2,000
小計	B	17,000	12,500	12,500	14,000
調整後営業利益	C＝A＋B	25,000	16,500	11,000	17,500
調整後税引後営業利益 （実効税率30%）	D＝C×(1－0.3)	17,500	11,550	7,700	12,250

事前に伝えておくことが大切です。

　なお，役員退職慰労金を支払う場合には，本来負債に「役員退職慰労引当金」として計上しておく必要があります。ただ，この時点では金額が決まっていないこと，最終的には退職金相当分は売買価格から減額されることから，ここではあえて調整はしませんでした。そのため，経営者には，今回の売買希望価格は退職金を含んだ金額であること，退職金の金額が決まった場合には，売買希望価格から控除されることを，この時点で認識してもらうことが大切です。

②　正常化損益の調整

　役員報酬ですが，1人経営者が退任するため，石田税理士が想定した平均的な役員報酬10,000千円を超過する金額は，M&A後発生が見込まれない費用であると考え，損益の調整をしています。なお，正常化損益の把握において，役

員報酬は，退任予定の役員の報酬全額を調整する方法も考えられます。しかし，この全額調整は企業概要書（IM）の正常化損益の調整においては問題ありませんが，株価評価を行ううえでは，買い手側がどのように調整してくるのかを把握するため，差額調整をすることをお勧めします。

　保険料のうち，役員の生命保険料の支払分はM&A後に発生が見込まれない費用であるため，損益の調整をしています。このように役員が代わることにより発生が見込まれなくなる費用は調整する必要があります。ただ，調整するものは，確実になくなることが見込まれ，金額として把握できるものに限定することが望ましいです。なぜなら，この調整項目が売買希望価格の根拠の１つとなるケースでは，仮に間違っていた場合や，発生見込についての解釈が買い手と異なる場合，バイサイドデューデリ後の価格交渉（値引き交渉）の材料になる可能性があるためです。

　税引後の営業利益の算定については，正確な税金計算を行う必要はなく，おおよその実効税率で計算することで足ります。上場会社に提出するような正確な株価評価が求められているわけではありませんので，世間で用いられている実効税率で計算すれば十分です。なお，石田税理士は30％を用いて計算しています。

⑶　株価評価の計算

　純資産の修正および正常化損益の調整で株価評価を計算する材料は揃いました。最後は，実際に株価評価の計算を行います。方法は，この章でも紹介した修正簿価純資産法，収益還元法，年倍法で計算します。

　石田税理士は，オワリ機器の直近３期の決算の内容などを総合的に勘案して，損益については直近決算数値と過去３期の平均数値の２つを使って計算しました。

① 修正簿価純資産法

修正簿価純資産法での計算は，この段階では何もしなくてよく，(2)の実態純資産の修正で計算された金額61,500千円が株価評価の計算結果となります。

② 収益還元法

収益還元法での計算は，正常化損益の調整で計算された基準利益をもとに行いますが，割引率と事業外資産，有利子負債等を決める必要があります。

割引率については，「１ 税務上の株価はM&Aでは使えない？」でも説明したとおり，計算の考え方が非常に複雑ですが，売り手のM&Aアドバイザーの場合には，10％前後で用いることで十分です。石田税理士も，特段詳細な計算は行わず，10％を用いて計算することとしました。

事業外資産と有利子負債等は，石田税理士がオワリ機器のX期の決算書を見る限り，前者は現預金と保険積立金の解約返戻金相当額，後者は短期借入金と長期借入金のみであるため，その全額をそれぞれの金額としました。なお，事業外資産と有利子負債等の数値は，税引後営業利益を３期平均した場合でも，直近決算数値を使う必要があることに注意してください。

そして，直近決算であるX期のみと３期平均の正常化調整後の税引後営業利益で株価評価の計算をした結果，57,000千円から102,500千円となりました。

【図表６−11】 収益還元法の計算結果

単位：千円

項目			直近決算	３期平均
税引後営業利益		A	7,700	12,250
資本還元率（割引率）		B	10.0%	10.0%
事業価値		C＝A÷B	77,000	122,500
事業外資産	現預金		15,000	15,000
	保険積立金		30,000	30,000
	小計	D	45,000	45,000
有利子負債等	短期借入金		5,000	5,000
	長期借入金		60,000	60,000
	小計	E	65,000	65,000
株式価値		F＝C＋D−E	57,000	102,500

③ 年倍法

年倍法は，(2)の実態純資産の修正と正常化損益の調整金額をもとに計算します。ただし，その前にのれんの計算にあたっての年数を決める必要があります。

石田税理士がこの年数を決めるにあたっては，実務上２年から５年程度が多いことに加え，部品製造会社であること，直近利益が下降気味であることを総合的に考慮し，２年を採用することとしました。

そして，収益還元法と同様，２つのパターンで計算した結果，76,900千円から86,000千円となりました。

【図表６−12】 年倍法の計算結果

単位：千円

項目		直近決算	３期平均
実態純資産	A	61,500	61,500
税引後営業利益	B	7,700	12,250
倍率年数	C	2年	2年
のれん相当分	D＝B×C	15,400	24,500
株式売買価格	E＝A＋D	76,900	86,000

石田税理士が，オワリ機器の名古屋社長と「売買希望価格の目線合わせ」のために行った株価評価の計算過程は以上のとおりです。この計算結果をもとに両者が協議した結果，最終的な売買希望価格を80,000千円として，M&Aマッチングサイトへ載せました。

売り手のM&Aアドバイザーの場合には，細かな株価評価のロジックや計算は不要です。その代わり，計算結果に違和感がないかどうかを見極めるとともに，なぜこのような結果になったのかを簡単に説明できるようにしてください。そのためには，１つの方法で計算するのではなく，少なくともこの３つの方法で計算してください。この３つの方法で計算した結果に大きなバラつきがあり，それが説明できないのであれば，どこかで計算誤りがないか確認するとともに，仮定で置いた割引率や年数を少し変更するなどして調整をしてみてください。

❖ のれん代（営業権）とは？ ❖

　M&Aの売買価格を決定するにあたってよく話に挙がるのが，「のれん代」です。のれん代とは，その会社が有するノウハウや技術などの無形の資産のことを指します。非上場の小規模のM&Aでは，売買価格を決めるよりも，この「のれん代」をいくらにするのかという議論がしばしば見受けられます。では，この「のれん代」はどのように計算するのでしょうか？

　会計上の「のれん代」は，簡単に説明すると以下の方法で計算されます。

　　のれん代＝M&Aにおける売買金額（株式価値）－買収対象会社の時価純資産

　つまり，M&Aで支払った売買代金と買収した会社の時価純資産の差額で計算されることとなります。

　ここで重要なのが，この計算に基づく「のれん代」には，「正ののれん代」もあれば，「負ののれん代」も存在するという点です。売買金額が時価純資産を上回れば「正ののれん代」が計上されますが，逆であれば「負ののれん代」が計上されることとなります。

　この「のれん代」の計算と売買金額を決めるための株式価値の計算方法とを比べてみると，以下のようなことがいえます。

• 収益還元法は，将来得られる利益をもとに価値を計算します。その価値と時価純資産との差額が「のれん代」となります。この場合，価値が時価純資産を上回れば「正ののれん代」，下回れば「負ののれん代」という関係です。

• 修正簿価純資産法は，基本的に時価純資産と同じ結果となるため，この計算方法では「のれん代」は発生しません。

• 年倍法は，純資産に利益の数年分を加算した金額で売買価格を計算するため，「負ののれん代」という概念はなく，「正ののれん代」しか発生しません。

　M&Aを投資という観点で考えた場合に，たとえ非上場会社であったとしても「のれん代」がいくらなのかは非常に重要となります。「のれん代」にはプラスもあれば，マイナスもありうるということを頭に入れて顧問先へのアドバイスをしてください。

❧ 顧問先から財務デューデリを依頼されたら ❧

　近年，中小企業がM&Aで会社を買収することは珍しくありません。皆さんも，顧問先から「財務デューデリ」をお願いされる機会が増えているのではないでしょうか？　その際，皆さんは財務デューデリをどのように進めていますか？また，もし財務デューデリをお願いされたらどのように進めればいいかご存知でしょうか？

　デューデリを引き受けるうえで最も大切なのが，依頼者との間で「何を行うのか」を決めることです。デューデリは依頼者と会計事務所との間の業務委託契約であるため，業務の範囲を明確化しておく必要があります。しかし，一概にデューデリといっても調査すべき項目，内容，手続は無限に存在します。その一方で，調査できる日程や受け取る報酬には限度があります。また，範囲などが曖昧な場合，仮に何か問題を見過ごしたときには会計事務所の責任を問われる危険性があります。

　このような危険を回避するためにも，調査の前に，できるだけ具体的に実施する業務の範囲や内容，手続を限定しておくことが大切です。バイサイドのデューデリを頻繁に実施している専門家は，業務委託契約を依頼者と結ぶときに「合意した手続」を添付しています。会計事務所はこの手続に従って調査を行うことが求められ，仮にこの手続以外のところから問題が発生したとしても免責されることとなります。

　また，デューデリをスムーズにかつ効果的に進めるためのポイントとして，「事前準備を徹底的に行う」ことが挙げられます。小規模のM&Aの場合，現地での調査や経営者などへのインタビューの日程は限定されているので，現地での調査は，売り手の経営者や顧問税理士への質問と書類の閲覧などに注力すべきです。そのためにも，できるだけ調査に入る前に資料を入手しておき，理想をいえば，すべての項目のリスクと質問する項目の洗い出しを終えておくことが望ましいでしょう。事前準備を入念に行うことで，事前に依頼者と合意した手続を期間内に終えることにもつながります。

第 7 章

M&Aマッチングサイトを活用した
事業承継M&Aの事例

　この章では，実際にM&Aマッチングサイトを活用してM&Aが成立
した事例を紹介します。

　なお，この章の4つのケースは，私が実際に受託した事例に加え，
M&Aマッチングサイトの運営会社や実際にM&Aのサポートを行った
会計事務所などからヒアリングした事例をもとに紹介しています。た
だし，会社名や個人名，事案は適宜修正をしています。

ケース1
1 息子が会社にいるにもかかわらず 将来を見据えてM&Aへ

(1) 依頼の経緯

```
【売り手の概要】
会 社 名：小牧自動車部品販売株式会社
創　　業：昭和58年
業　　種：卸売業
事業内容：自動車中古部品販売業
売 上 高：2億5,000万円
社員構成：10名（役員2名　従業員7名　パート1名）
売却金額：1億2,000万円（退職金3,500万円込）
```

　小牧自動車部品販売株式会社（以下，「小牧部品販売」といいます）の小牧会長は，5年前に経営の第一線から退き，従業員に経営を任せていました。自分で立ち上げた会社であることから，息子に継がせたいという思いもあり，2年前に別の会社で修行していた長男を会社に戻しました。

　しかしながら，自動車技術の向上により，自動車事故が減少してきたこともあり，近年売上高が減少の一途をたどりつつありました。そして，直近2期は連続で赤字を計上するに至りました。金融機関からの借入金はないものの，この状態が続くようであれば，いつかは清算・廃業をしなければならないのではという不安が頭をよぎるようになりました。

　今後の会社の経営について，後継者となる予定の息子と一緒に顧問の税理士法人の担当者に相談したところ，借入金がないことから清算・廃業は可能だが，M&Aという形で外部に承継する方法があることを知りました。

　清算・廃業するには，一定時間がかかるとともに，工場の取壊しや従業員の解雇などをしなければならず，手取額は5,000万円になる可能性があると伝えられました。その一方，M&Aを実施した場合には，少なくとも純資産相当額である1億円程度で売却が可能と言われました。

　本当に自分の会社を買ってくれるようなところはあるのか，という疑問がありましたが，税理士法人の担当者と提携している公認会計士から「見つかるかどうかはわかりませんが，1年間M&Aに取り組んでみませんか？　清算・廃業はそれからでも遅くありません」という一言でM&Aを行うことを決めました。

(2)　M&Aマッチングサイト活用による効果

　いざM&Aを実施しようかと考えた時，小牧会長から「同じ県内の同業者には知られたくない」という買い手候補先の条件の指定がありました。ただでさえ小規模であり，買い手候補先を見つけるのが難しいにもかかわらず，同じ地域の同業者へ打診ができないとなると自力での探索には限界があります。そこで，M&Aマッチングサイトでの探索を小牧会長に打診したところ，許可が出たため早速登録して探すこととしました。

　M&Aマッチングサイトへの登録後，2週間で10件の申込があり，そのうち1件は北陸の税理士法人の担当者からの熱心な交渉申込でした。その税理士法人が顧問をしている会社が非常に興味を示しているということでした。その後，M&Aマッチングサイトを通じて交渉を行った結果，登録から2か月で基本合意に至り，合計5か月という短期間で株式譲渡を完了させることができました。

　M&Aアドバイザーとして，自力で候補先を探すとなると，同じ地域の同業者が最初に候補に挙がります。しかし，この条件で探すことができないとなると，何らつながりのない他県で候補先を探すこととなり非常に困難を極めます。M&Aマッチングサイトでは，このケースのように自力では見つけられないような買い手企業とのM&Aが実現できるという意味で非常に有効なツールといえます。

(3) 後継者がいるにもかかわらずM&Aを実施

　このケースは，社内に後継者がいるにもかかわらず，第三者への承継という道を選んだ事例です。

　従来は，社内に親族後継者がいる場合には，親族への承継がほとんどでしたが，近年この傾向が変わりつつあります。技術革新のスピード感や取引先や競合他社の大規模化に伴い，今回のケースのように自社単独で経営を継続することが難しいと判断する経営者が増えつつあります。また，自分の会社をさらに大きくするためにも，自社の力だけではなく大企業の力を借りるためにM&Aを決断する経営者も出始めています。このように親族が会社にいる場合であっても第三者への承継を考える経営者が今後も出てくることは，会計事務所としても頭の中に入れておく必要があるといえます。

　なお，親族後継者が社内にいる場合において，M&Aを進めるうえでの注意点としては，M&Aで会社を譲渡することをその後継者とも事前に合意しておくことが望ましいでしょう。このケースでも，相談時から小牧会長と息子はそろって打ち合わせに参加してもらい，相手を決める時も同席をしてもらい，親子ともども満足する相手先なのかを見極めてもらいました。息子がM&A後もその会社で働くことを考えると，息子の事前同意はM&Aを進めるうえで非常に大切なステップといえます。

　もし，息子に黙って進めていき，いざ譲渡直前にM&Aを行うことを告げると，「自分がやる」や「それなら会社は辞める」など，M&Aを進めるうえでトラブルとなる可能性があるので注意してください。

(4) キーマンへの開示の時期

　このケースでは，M&A進行中に１つトラブルが発生しました。それは，経営を任せていたサラリーマン社長，つまり経営のキーマンからの反対です。

　冒頭の依頼の経緯でも説明しましたが，M&A検討時点では小牧会長は経営の第一線から退き，長年共に歩んできた従業員を社長にして経営を任せていま

した。M&Aで第三者へ譲渡することについては，この社長には知らせず，会長とその息子だけで進めました。そして，買い手候補先の会社と基本合意をした翌日に，M&Aを検討している旨と買い手候補先の名前をその社長に伝えたところ，激怒され，会社を辞めると言われたのです。

　会長とその息子は，基本合意で社長の地位と役員報酬の維持を確保したため，社長には賛成してもらえると考えていました。しかし，思いもよらない拒否反応に驚くとともに，このことによりM&Aは一旦ストップしてしまいました。なぜなら，買い手候補先の会社も，引き続きこの社長に経営を任せることを前提としており，この社長がいなくなってしまっては，経営をすることができないと考えていたためです。

　結果としては，1か月間説得や買い手候補先と社長が直接面談することにより，感情的なものはなくなり，その社長からM&Aに協力してもらうことと引き続き経営してもらうことに同意が得られ，M&Aを進めることができました。

　このケースは，基本合意後の開示にもかかわらず，トラブルとなりましたが，原則としてはこの時期での開示が正しいと考えます。仮にM&A検討時点で開示していた場合や，相手が見つかっていない状況で反対された場合には，買い手候補先を探すことすらできなかったおそれがあります。また，M&A成立後に開示して反対された場合，それこそ売り手と買い手の間で大きな揉め事につながる可能性が高くなります。

　小規模の会社であればあるほど，経営や事業上のキーマンの反対はM&Aの成立に向けて大きな障壁となります。そのため，このキーマンへの開示時期は慎重に検討すべきです。

⑸　M&A実施後の取引先への訪問の重要性

　このケースでは，M&A実行後にも1つトラブルが発生しています。それが，主要取引先からの取引継続の停止です。

　小牧部品販売はある特定の会社からの仕入割合が50％を超えていました。この仕入先との取引が，買い手にとっても魅力となり，M&Aを進める大きな理

由となっていました。

　デューデリでは，この取引先との基本契約書などを閲覧して，チェンジ・オブ・コントロール条項に該当するような条項がないことを確かめたうえでM&Aを実施しました。

　そのうえで，M&A実施後は，売り手および買い手のそれぞれのアドバイザーから「M&A実行後にはすみやかに主要取引先への挨拶をしてください」と伝達していましたが，両者とも実行に移しませんでした。M&A成立の数か月後，その仕入先は，小牧部品販売の資本関係が変わったことを外部から聞きつけ，取引の停止を宣告しました。後日撤回されたものの，これにより，一時的にM&A時の見込通りの仕入が難しくなり，買い手が当初想定していたシナジー効果が発揮できなくなりました。

　チェンジ・オブ・コントロール条項はあくまでも契約書上の文言です。M&A成立後は，たとえその条項がなくとも，少なくとも主要取引先に関してはすみやかに挨拶を行い，M&Aの経緯などを説明し，納得してもらうことが大切となります。

2 ケース2 脱サラして起業するサラリーマンが廃業寸前の会社を救う

(1) 依頼の経緯

【売り手の概要】

会 社 名：株式会社大宮コピー産業

創　　業：平成5年

業　　種：印刷業

事業内容：個人からのコピーや印刷の代行業

売 上 高：4,000万円

社員構成：2名（役員1名　パート1名）

売却金額：1,000万円

　株式会社大宮コピー産業（以下，「大宮コピー」といいます）の経営者である川口社長は，自ら創業して約25年間，小学校，中学校の父母や大学生を主な顧客としたコピーや印刷の代行業を行っていました。しかし，67歳になると次第に体調が優れなくなり，しばしば入院をするようになりました。ちょうど店舗の賃貸借契約の更新時期が近づくこともあり，そろそろ清算・廃業を考え始めるようになりました。

　清算・廃業の仕方について，顧問税理士に相談しに行ったところ，もしかしたら会社を引き継いでくれる人が見つかるかもしれないと言われ，M&Aマッチングサイトを紹介されました。

　川口社長としては，会社のことを慕って顔を出してくれる学生たちとこのまま別れてしまうのは寂しいと感じていました。自社のような小さい会社を引き継いでくれる人が出てくるのか疑心暗鬼でしたが，やめてしまうのは惜しいと

228

考え，顧問税理士に頼んでM&Aで会社を売却することを決めました。

⑵　M&Aマッチングサイト活用による効果

　M&Aマッチングサイトを活用するにあたって，誰に譲渡するのかを顧問税理士と川口社長との間で検討した結果，売却先は個人にすることとしました。大宮コピーは，これまで川口社長が顧客である個人とアットホームな関係を築いてきたからこそ成り立っているビジネスともいえ，この関係や価値観を引き続き承継してほしいという気持ちが強かったためです。法人へ売却するとどうしても子会社として扱われ，片手間での対応や利益の重視で，顧客との関係性が承継できない可能性があると考えました。

　このように引継先を個人に絞ったうえでM&Aマッチングサイトに登録したところ，すぐに20件もの問い合わせが来ました。すべて個人です。このうち数名と面談した結果，脱サラして事業を引き継ぎたいという40代のサラリーマンの方を引継相手に決めました。この方に決めた理由としては，脱サラしてまでこの事業を引き継ぎたいという決意と譲受後のビジネス展開の考え方でした。その他にも印象の良い人はいたのですが，その方は，会社に勤めながらの経営，つまり副業であったため，片手間な印象がぬぐえなかったことから，諦めてもらいました。

　その後店舗の見学などを行い，最終的にはM&Aマッチングサイトに登録してから１か月強でそのサラリーマンの方に会社を譲渡することができました。

　外部の第三者，それも個人への譲渡となると，これまでのような買い手候補先の探し方で引継相手を見つけることは限りなく不可能といわざるを得ません。このように考えると，規模が小さくても買い手候補先を探すことができるM&Aマッチングサイトは，小規模の企業の事業承継に最適といえます。

⑶　多数の応募への対応

　M&Aマッチングサイトを活用して買い手候補先を募ると，多くの交渉申込が来ます。これ自体は非常にうれしいことですが，このケースのように20件と

もなると，誰と交渉していいのかの見極めがM&Aアドバイザリー業務を効率的に進めるうえで重要となります。

　M&Aマッチングサイトで申し込んでくる買い手候補先は，大きく分けて3つに分けることができます。

　①　本当に買収したい

　②　良い案件であれば検討したい

　③　気になったので連絡してみた

　M&Aアドバイザーとしては，当然①とだけ交渉したいところですが，初めの申込の際には相手がどの区分なのかを見極めることが非常に難しいです。

　このケースでは，最初のメールでの交渉の際に，売却希望金額を顧問税理士から伝えたうえで，返事がないところは除外していきました。そのように選定した結果，最終的にトップ面談を行うのは3名だけにしました。

　M&Aマッチングサイトの場合，五月雨式にさまざまな買い手候補先から質問やトップ面談の依頼などが来ます。やみくもに対応しては，われわれM&Aアドバイザーの作業効率の悪化もさることながら，売り手の経営者にも大きな負担を強いることとなります。このようにM&Aマッチングサイトを利用する際には，買い手候補先との効率的なやりとりが，M&Aアドバイザーとして求められる1つのスキルといえるかもしれません。

⑷　交渉相手が個人のケースの留意点

　このケースのように小規模のM&Aの場合，買い手候補先が個人ということも考えられます。ただ，個人の場合には，法人のようにホームページや登記簿などで会社の実態や状況などを客観的に把握することができません。顧問先である売り手の引継先となるべき相手であるので，その選定にあたっては慎重を期することが求められます。

　ただ，われわれ会計事務所は興信所などではないため，個人の素性を調べることはできません。しかし，M&Aマッチングサイトでのやりとりを通して，トップ面談までにある程度把握することは可能です。

　このケースでも，相手を個人に限定したこともあり，あらかじめ買い手候補先には，年齢，現在の職業，M&Aの目的などを顧問税理士から質問しました。これだけでは，本当の意味での素性調べにはなりませんが，興味本位で交渉申込をした個人や，あまり素性などを知られたくない個人は，この段階で質問へ回答してこなくなるため，候補先から除外することが可能となります。

　最終的には，トップ面談を行うことで，その本人の誠実さなどを目で見て確かめることとなりますが，M&Aアドバイザーとして買い手候補先を選別するためにも，最低限直接のヒアリングなどで情報収集することが求められます。

⑸　株式の買取資金の調達方法

　このケースでは，買い手である個人は，最終的に買収金額1,000万円のうち，500万円を手許資金で，残りの500万円を金融機関からの借入で調達しました。500万円の借入であったため，金融機関との交渉にはあまり時間がかかりませんでした。しかし，譲渡代金をどのように調達するのかは，売り手のM&Aアドバイザーとしては買い手候補先の見極めにあたって非常に重要といえます。

　買い手候補先が自分の手許資金だけで買収金額を支払える場合には，この買い手候補先の意思決定のみでM&Aの実行が可能です。一方，買収金額の資金調達を借入に頼る場合，M&Aの意思決定に資金提供者である金融機関などが入ってくることとなり，その金融機関の融資実行の可否次第では，M&Aができなくなってしまいます。特に個人の場合には，資金調達できる金額は限られているため，売却希望金額を支払うための資金調達予定を真っ先に確認することは非常に大切です。

　このほか，会社に金融機関からの借入がある場合，通常は，現経営者による連帯保証がなされています。M&A実行時にはこの連帯保証の切替を行う必要がありますが，この切替にあたっても当然ながら金融機関の了承が必要となり，その際に，買い手候補先の信用力のチェックがあります。もし，連帯保証の切替をせずにM&Aを実行してしまうと，売り手の経営者に債務保証リスクが会社売却後にも及ぶ可能性があります。

　特に個人の場合には，連帯保証の切替に一定の時間がかかります。また，金融機関は代表者の変更後でなければ切替に応じてくれないことがほとんどです。そのため，連帯保証の切替を最終譲渡契約書（SPA）で確約させるなどの対応にとどまらざるを得ないのが，実務的な対応と思われます。

3 ケース3 清算・廃業の準備から一転M&A で会社の存続へ

(1) 依頼の経緯

【売り手の概要】

会 社 名：ヤマト有限会社

創　　業：昭和42年

業　　種：縫製製品製造業

事業内容：車両関係の座席シートの製造・販売

売 上 高：9,000万円

社員構成：8名（役員2名　従業員5名　パート1名）

売却金額：8,000万円

　ヤマト有限会社（以下，「ヤマト」といいます）の飛鳥社長は，約20年前に先代の社長である父親から会社を引き継ぎ，妻と二人三脚で経営をしてきました。62歳になった頃，付き合いのある保険会社の担当者から今後の事業承継のことを尋ねられました。明確なプランはなかったものの，改めて息子2人に会社を継ぐ意思を確認したところ，きっぱりと否定されました。息子が継がないという現実を目の当たりにして，会社の今後について不安を覚え，保険会社の担当者に紹介された会計事務所の話を聞くこととしました。

　ただ，会計事務所の話だと，M&Aの場合には，検討し始めたら半年から1年くらいで会社を引き渡さなければならないということもあり，夫婦で話し合った結果，65歳になる3年後を目途に清算・廃業をする決心をしました。

　その後，会計事務所のサポートを受けながら，清算・廃業のための準備を進めました。しかし，1年が経った頃から得意先からの受注が再び増え始め，取

引先に清算・廃業を進めていることを話すことが難しくなってきました。会計事務所が言っていたように清算・廃業は簡単ではないと再認識し，取引先に迷惑をかけないためにもM&Aができないか，再び会計事務所に相談しました。

　会計事務所としても，清算・廃業をしてしまうと，これまでの技術やノウハウが喪失してしまうことを憂いていたこともあり，清算・廃業のコンサルティングからM&Aアドバイザーの業務に切り替え，サポートしていくこととしました。

⑵　M&Aマッチングサイト活用による効果

　会計事務所の担当者は，規模的にもそれほど大きくなく，かつ，非常にニッチな業界であることから，当初からM&Aマッチングサイトを活用して買い手候補先を探しました。それも1つだと不安だったため，2つのサイトに登録しました。

　M&Aマッチングサイトの案件情報は，できるだけ詳細にヤマトの魅力を伝えたものにしました。飛鳥社長としては，自分の会社とわかるのではないかという懸念はありましたが，結果として，8社が交渉に名乗りを上げてくれました。このうち，3社とトップ面談までこぎつけて，2社から意向表明が提出されました。

　最終的に買い手候補先となったのは，布などの生地の卸業会社でした。現在は卸業務だけで経営をしているものの，今後は川上の製造事業をグループとして内製化していきたいという考えのもとで買収したのです。

　通常のM&Aの買い手候補先の探索方法では，同じ縫製の製造会社を中心に候補先をリストアップすることとなりますが，M&Aマッチングサイトの場合，想定外の候補先が交渉を申し込んでくれることがあります。M&Aマッチングサイトには，これまでの方法では交渉相手として見つけることができなかったような相手との交渉を可能とし，そのうえでM&Aの成立までの時間を短縮できるというメリットがあるといえます。

(3) 清算・廃棄の検討からM&Aへ

このケースは，清算・廃業を検討する過程で，経営者がその大変さや進める
ことの難しさを体験したことにより，M&Aへ方針を変更した事案です。

当初，M&Aは，自由に経営してきた自分の会社に他人が乗り込んできて，
自分が指示を出されることになるというイメージから，清算・廃業をしたほう
がおそらく楽だと考えていたのだと思います。しかし，実際に清算・廃業を進
めるなかで，長年付き合ってきた取引先に対して，今後の取引を停止すること
を説明しなければならないことのほうが心苦しさや心的な障害になり，M&A
に再度舵を切るきっかけになりました。

実はこの経営者ご夫妻は，顧問税理士に清算・廃業の相談をしたところ，
「清算・廃業なんて簡単にできるから，決めたら連絡してください」と言われ
たようです。経営者としては，大変なことになりそうだという思いから相談し
たにもかかわらず，税務上の手続のみを考え，簡単だと言われてしまったこと
から，その顧問税理士には内密にしてM&Aを進めました。

このケースでは，取引先への報告ということがネックとなり，清算・廃業か
らM&Aへ方針変更しましたが，社員への報告も同じだと思われます。清算・
廃業の場合には，社員を解雇しなければなりません。解雇通告はもちろんのこ
と，再就職先を探すことは，年配になればなるほど，非常に苦労をします。一
方，M&Aの場合には，経営者は代わることとなりますが，社員を解雇し，再
就職先を探さなくてもいいという大きなメリットはあると思います。

このように，清算・廃業は，これまで支えてきてくれた取引先や社員にとっ
て大きな痛手をもたらすこととなります。当初は，すべて失うつもりであった
ことを考えれば，M&Aにより取引先との取引や社員の雇用を継続させること
ができるということには，一定の価値と意味があったといえます。

(4) 経営者以外の株主の存在

このケースでは，承継の方針が清算・廃業からM&Aへ変わった段階で，改

めて株主構成を確認したところ，社長夫妻で保有しているのは95％で，残りの5％を飛鳥社長の妹が保有していることがわかりました。

　事業承継型のM&Aの場合，100％での譲渡が基本となるため，妹からも株式を取得する必要があります。しかしながら，妹は経営には全く関与しておらず，最終譲渡契約書（SPA）の契約者として押印させることは非常に困難であるため，事前に社長が集約しておく必要がありました。

　この際に問題となるのが，いつ集約するのかと，いくらで買い取るのかの2点です。

　まずいつ集約するのかというと，最終譲渡契約締結日からクロージング日の間が一般的と思われます。次にいくらで買い取るのかというと，最終譲渡契約で締結した売買価格です。

　親族からの取得だからといって，M&Aを進めている段階において国税庁方式による株価で買い取ってしまうと税務リスクが発生します。税務上の株価の考えは原則「時価」であり，時価が形成されない場合に，国税庁方式に基づく株価でやりとりすることとなります。しかし，短期間での売買において2つの価格が存在することはなく，買い手と飛鳥社長で合意した価格こそ「時価」とみなされるため，この価格で飛鳥社長と妹も取引をする必要があります。

　この売買価格が最終的に決定するのが，最終譲渡契約書（SPA）であることを考えると，集約ができるのは必然的にその締結日からクロージング日となります。

　実際に，飛鳥社長は，基本合意の締結後，妹に事情を話したうえで協力してもらえるよう依頼をして，スムーズな集約ができました。

　会計事務所の顧問先で同じような会社がある場合には，M&A検討後に集約するのではなく，一定期間以上前（1年以上前）に集約することをお勧めします。一定期間前に集約することで，M&Aの売買価格より低い価格での集約が可能となり，経営者の手取額を増やすことができるからです。

⑸　事前の社員面談の依頼

　M&Aの基本として，社員などへの開示はM&Aの実行後，つまりクロージング後となります。それまでは，M&Aを検討している事実を伝えずに進めるのが一般的といえます。しかし，このケースでは，買い手先である生地の卸業会社から買収前に社員などの面談を行いたいという要望を受けました。

　昨今の人手不足の状況において，社員が引き続き会社に残って仕事を続けてくれるのかは，買収の重要な条件となることが増えています。特にこのケースのように，これまで自社内で展開していたビジネスではなく，新たなビジネスへ進出する場合にはその傾向が顕著といえます。売り手の社員がいてはじめてビジネスとして成り立つことを考えると，買い手の気持ちもわからなくはありません。

　しかし，売り手としては，M&Aの事実を事前に社員に伝えた場合，それを理由に会社を辞められては，せっかく合意した譲渡価額を下げられる可能性もあります。最悪の場合には，M&A自体がなくなることも考えられます。そのため，売り手のM&Aアドバイザーとしては買い手の要望を受け入れるかどうか，思案のしどころとなります。

　会計事務所としては，飛鳥社長同意のもと，買い手からの要望を受け入れ，事前に個別に面談を行うこととしました。理由としては，買い手からの強い要望（応じない限りM&Aを実行しない）があったことに加え，仮に面談を行わず進めた場合，M&A実行後に社員の退職があると，責任の押し付け合いが発生し，トラブルになる可能性があると判断したためです。

　結果的に，すべての社員に飛鳥社長がどのような思いでM&Aを進めているのかなどを十分に説明したうえで，買い手先と面談をしたことにより，退職者を出すことなく，M&Aを成立させることができました。

　このように，状況によっては，M&Aを成立させる前に社員との面談が求められることがあり，M&Aアドバイザーにはその対応が求められることになります。

4 ケース4　債務超過の会社をM&Aで譲渡することで借金清算へ

(1)　依頼の経緯

【売り手の概要】

会　社　名：株式会社安芸エンジニアリング

創　　　業：平成10年

業　　　種：IT

事業内容：受託システム開発およびシステム開発派遣事業

売　上　高：1億3,000万円

社員構成：13名（役員2名　従業員10名　パート1名）

売却金額：ゼロ円

　株式会社安芸エンジニアリング（以下，「安芸エンジ」といいます）は，自動車メーカーや工作機械メーカーを主力顧客としてシステム開発の受託を行うとともに，客先へシステム開発要員を常駐させる派遣事業を展開していました。しかし，近年は，優秀なシステム開発人員の確保ができず，粗利の高いシステム開発受託の割合が少なくなり，赤字が続き債務超過に陥っていました。

　経営者である三原社長の年齢は57歳であり，まだ働くことはできるものの，経営の行き詰まりを感じていました。しかし，安芸エンジは債務超過であるとともに，借入金も三原社長に対するものが2,500万円，金融機関に対するものが3,500万円あり，会社を清算・廃業することもできず，悩んでいました。

　このような中，顧問会計事務所の担当者に経営の相談をしたところ，「システム開発を行う会社は，M&Aでは売れ筋だと聞いたことがあります。もしかしたら，M&Aであれば，会社を売却することができるかもしれません」とア

ドバイスされました。57歳という年齢を考えると引退するにはまだ早いかもしれないと思いましたが，子供からは「会社は引き継ぎたくない」と言われていることもあり，会社を売却するなら今が一番良いのかもしれないと考え，M&Aを進めることとしました。そして，顧問会計事務所にM&Aのアドバイザーをお願いしました。

(2)　M&Aマッチングサイト活用による効果

　顧問会計事務所としては，それまでほとんどM&Aの経験がなく，債務超過の会社が本当に売却できるのかも不安であったため，自ら買い手候補先を探すのはやめて，同じ会計事務所などが参加しているM&Aマッチングサイトへ登録してみました。

　M&Aマッチングサイトへ安芸エンジの概要を登録したところ，1か月で3件，会計事務所やM&Aの専門業者から問い合わせがありました。最終的には，M&Aの専門業者が紹介した上場会社とM&Aの交渉を行い，登録から6か月で譲渡が完了しました。

　M&Aマッチングサイトの活用により得られたメリットは，買い手候補先を自ら探さなくてもいいということだけではありませんでした。買い手候補先にM&Aに慣れた専門家がアドバイザーとして存在することで，M&Aの進め方や知識面で不安な部分をカバーしてくれるという点でもメリットが大きかったのです。売り手と買い手のM&Aアドバイザーはそれぞれ交渉相手となり利害対立関係にありますが，その一方で，お互い調整してM&Aを成立に導くという共通の目標もあります。そのため，どちらか一方がM&Aに不慣れであっても，スムーズな成立に導くため，もう一方がリードしながらM&Aを進めていくことになります。

　このように，M&Aマッチングサイトの活用により，交渉相手にM&Aに慣れたアドバイザーが就いてくれたおかげで，M&Aをスムーズに進められ，同時にM&Aアドバイザーとしての経験が得られたという効果もありました。

⑶　債務超過でも売却は可能

　このケースのように，後継者がいない顧問先には，債務超過であり，そもそも清算・廃業もできなくて悩んでいる会社が意外と多いのではないでしょうか？

　実際に，M&Aの世界で，債務超過の会社は敬遠される傾向にあるのは間違いありません。しかしながら，絶対に売却できないかというとそうとも限りません。

　このケースでも，株式の買収金額はゼロ円であったものの，安芸エンジに貸していた三原社長の貸付金は一括返済され，かつ，金融機関からの連帯保証を外すことに成功しています。清算・廃業であれば，場合によっては貸付金の回収がなされないのはもちろんのこと，個人で一定の借入金を負担しなければならない状態になっていた可能性もあります。

　では，どのような場合，債務超過でも会社をM&Aで売却できるのでしょうか？　あくまでも私見ですが，以下のような会社であれば，債務超過であっても売却を検討できるのではないかと考えています。

- 直近の決算もしくは現在進行中の決算で営業利益が黒字の場合
- 労働集約型のビジネスモデルの場合
- 借入金の大部分が役員借入の場合

　債務超過は，見方を変えれば，買い手にも魅力になる場合があります。

　債務超過の会社をゼロ円で買収できるということは，買い手は初期投資をかけることなく，会社を手に入れることができます。また，債務超過の会社の場合，繰越欠損金を有している可能性が高いため，M&A後黒字化の目途を立てることができれば，繰越欠損金が解消となるまで，税金を払う必要もありません。

　このように売り手の財務内容やビジネスによっては，債務超過であったとしてもM&Aが成立する可能性があります。後継者がおらず，清算・廃業もでき

ない会社であっても，M&Aという道で会社を継続するとともに，経営者を借入金の連帯保証から救うことができる可能性があるのです。

⑷　経営者の継続雇用における留意点

　このケースでは，M&A後の三原社長の処遇として，3年間会長という形で安芸エンジに残ることとなりました。これは，三原社長が57歳とまだ若く，営業を中心に業務が行えるため，交渉の過程で，三原社長が買い手企業に希望を伝え，契約書に織り込んだものです。

　しかしながら，M&A後にトラブルが発生します。新たに買い手企業から派遣された代表取締役と三原社長が，経営方針や事業の進め方などで対立し始めたのです。企業風土や経営の考え方が違う両者が一緒になると起こりやすい対立であり，M&Aではしばしば起きるトラブルです。親族内承継でも親と子供の経営方針の違いでトラブルになることを考えると，事業承継では起こりがちなことと理解したほうがいいかと思います。

　ただ，今回の場合，三原社長のほうから3年間の継続雇用を依頼していることもあり，勝手に辞めると契約違反になる可能性がありました。そのため，顧問会計事務所の担当者としては，買い手の了承がない限り辞めないように説得するほかありませんでした。

　M&A，特に小規模の事業承継型の場合，引継期間における売り手の経営者は，引継ぎに徹し，新しい経営方針には極力口を出さないことがトラブルを避ける1つの方法といえます。また，買い手側としても，買収後において方針ややり方を急激に変更すると，旧経営者とのトラブルや社員との対立を招くおそれがあります。うまく引継ぎを完了させるためにも，両者が相手のことを思いやって統合を進めていくことこそがM&Aの成功の第一歩といえます。

✤ 買い手候補先が上場会社の場合の留意点 ✤

　買い手が上場会社の場合，適時開示制度の関係で，非上場会社と異なる対応が求められることがあります。簡単に説明すると，適時開示制度とは，経営上重要なことが発生した場合には株式市場にすぐに公表しなさいという制度です。

　上場会社とのM&Aの際に気をつけなければならない場面が「基本合意の締結」と「最終譲渡契約の締結」です。

　基本合意は，売り手と買い手とがM&Aを進めるうえでの基本事項の合意として適時開示すべき経営の意思決定とみなされます。M&Aの規模にもよりますが，この基本合意の時点で，上場会社はその事実を公表しなければなりません。

　しかし，基本合意はあくまでも婚約であり，最終的な結婚に当たるM&Aの成立を意味するものではありません。最終的に成立するか否か不明な時点での開示は，売り手にも買い手にもリスクとなります。そのため，上場会社の適時開示要件に該当する場合には，基本合意書ではなく，買い手から売り手へ一方的に提出する「意向表明書」のみのやりとりで終えることが実務的です。

　また，上場会社では，M&Aの合意である最終譲渡契約書（SPA）の承認は，取締役会で決議されます。取締役会で承認がなされて，はじめて株式市場で適時開示します。取締役会で承認されなければ，契約書の合意ができません。そのため，売り手のM&Aアドバイザーとしては，いつ取締役会で承認を行う予定なのかを把握したうえで，最終譲渡契約書（SPA）の合意を進めていく必要があります。仮に直近の取締役会の開催日に合意ができなければ，場合によっては，1か月あまりM&Aの成立が遅れることもありえます。

　社員への公表は，クロージング日に行うことが一般的ですが，適時開示要件に該当した場合には，その前に買い手のホームページなどで公表される可能性があります。このような場合，この適時開示で社員が最初にM&Aの事実を知る可能性があります。M&Aの事実はできる限り直接旧経営者の口から説明することが望ましいため，売り手のM&Aアドバイザーとしては，説明会を上場会社の取締役会の決議当日や翌日に行うことも考えなければなりません。

❖ 少しでも高く売却するために ❖

　会計事務所が顧問先の事業承継のためにM&Aのサポートを行う以上，引継先を探すことが一番の目的となります。そして，顧問先が少しでも評価され，高い価格で売却をしてもらいたいと願うのではないでしょうか。

　では，少しでも高く売却するためにはどうすればいいのでしょうか？

　まず大切となるのは，直前期の利益の水準です。

　中小企業の場合，事業計画がないため，会社の価値を見極める際には過去の利益水準が重要な指標となります。実際に，株価評価などの計算において用いた収益還元法や年倍法は，過去の利益が価値の源泉となります。直前期の利益の良し悪しで買い手の印象も大きく変わります。そのため，M&Aで引継ぎを考える場合には，直前期の利益が良い時期を選ぶことが望ましいです。

　次に，ノウハウを社内で承継できているかも重要な要素となります。

　中小企業の場合，経営者１人で取引先や社員を掌握しているケースがほとんどです。つまり，経営者の権限とともに経営のノウハウが集中しているといえます。この事実は，M&A後の経営を考えると買い手にとってリスクになります。経営者からノウハウなどが引き継げない場合には経営が思い通り進まない可能性があるためです。そのため，自ら経営している頃から少しずつ権限やノウハウを社員などに引き継ぐことで，買い手のリスクを軽減させておくことが最終的に少しでも高く売る要件になります。

　最後に，複数の候補先と交渉を行うことです。

　複数の買い手候補先との交渉は，より良い条件を引き出すためには一番効果的です。他に買いたいと考えている候補先がいると知れば，当然良い条件を提示しなければ自分が買い取る権利を勝ち取れないためです。このように複数の候補先と交渉を行うことで，当初の想定よりも売却価格を上昇させることが可能となります。このような観点からみると，複数の候補先と同時に交渉することが可能となるM&Aマッチングサイトの活用は，少しでも高く売却する可能性を秘めているといえます。

おわりに

　2019年12月20日に中小企業庁より「第三者承継支援総合パッケージ」が公表されました。そこでは，2025年までに，70歳以上となる後継者未定の中小企業約127万者のうち，黒字廃業の可能性のある約60万者の第三者承継を促すことを目標とし，今後10年間でその60万者の第三者承継の実現を目指すと明記しています。そして，それを実現するために，「個人保証脱却・政策パッケージ」，「事業承継ファンド」の創設や「事業承継補助金」の新設などさまざまな施策が記載されています。

　その中で特筆すべきは，中小企業庁の出先機関である事業引継ぎ支援センターと民間のプラットフォーマー（本書でいうところのマッチングサイト）との連携が明記された点です。これは，日本のM&Aが年間4,000件弱しか成立していない現状を考えると，これまでのようなアナログのマッチング手法だけでは限界があり，中小企業庁が掲げる目標は達成できないと判断したためと思われます。裏を返せば，中小企業の事業承継M&Aの柱の1つとして，マッチングサイトの活用が求められていることを示していると考えています。事実，今春中小企業庁より公表される予定の「事業引継ぎガイドライン」の改訂会議や今後年1回開かれる第三者承継推進徹底会議に，民間のマッチングサイトの代表者が名を連ねていることからもその重要性が見て取れます。

　このように，今後のM&Aはマッチングサイトを活用して進めていくことが主流になっていくことは，間違いないでしょう。しかしながら，私はスムーズにM&Aを成立させていくために，もう1つ必要なものがあると考えています。それが，中小企業の事業承継M&Aをサポートすべき「専門家」の存在です。どれだけ良いマッチングサイトが出てきたとしても，M&Aを成立に導くべき本当の意味でのM&A専門家がいなければ，第三者への承継を成立させることができないのが現状です。そして，本編で説明したように，そのM&A専門家として最もふさわしい存在こそ，会計事務所であると考えています。M&Aを進めているオーナーの本音は，大手のM&A仲介会社ではなく，長年お世話に

244

なった会計事務所に事業承継M&Aのお願いをしたいのです。今，この本を手に取っていただいている会計事務所の方々には，この本を片手にでも結構ですので，まず顧問先1社をM&Aにより次世代に承継させることにより，M&Aの世界はこのようなものなのか，ということを実感していただきたいと思います。

　本書は，会計事務所がM&Aアドバイザーとして業務を進めるうえで必要と考える知識や気をつけるべき点を知っていただくために書いたものです。個人的な見解ですが，財務デューデリや株式価値評価といった業務については，一定の専門的な知識が必要です。しかし，M&Aアドバイザーには，それほど多くの専門的な知識は必要ありません。それよりも中小企業の未来のため，オーナーのハッピーリタイアのためにサポートしていくのだという「気持ち」や「思い」のほうが，実はM&Aアドバイザーにとって重要なのではないかと考えています。実際，M&Aは案件ごとに千差万別であり，1つとして同じものはありません。そのため，本書に載っていないような事象や問題などが生じる場合もあるかと思います。このような場合には，顧問先やクライアントのことを自分のこととして考えること，つまり会計事務所が主体的にM&Aに挑み，このM&Aにとって何をすることが本当に良いことなのかという観点で考えていただくことで，ほとんどの問題や課題は回避できるはずです。皆さんの勇気ある一歩が，承継問題で悩んでいる経営者の助けになるのだと信じています。

　最後になりましたが，出版の機会を与えてくださった中央経済社の秋山宗一さん，川上哲也さん，マッチングサイトの現状や仕組み，事例についてお話を聞かせていただいた株式会社トランビ代表取締役の高橋聡さん，中小企業のM&Aの実態について日頃よりご意見を聞かせていただいている全国の会計事務所の皆さんに，この場を借りて感謝を申し上げたいと思います。

　本書を読んだ会計事務所の方々がM&Aアドバイザーとしての第一歩を踏み出していただけること，そして世の中の中小企業の事業承継がスムーズに進むことを願って，筆をおきたいと思います。

公認会計士・税理士　小木曽　正人

【著者紹介】

小木曽　正人（おぎそ　まさと）

小木曽公認会計士事務所　公認会計士・税理士
1975年愛知県稲沢市生まれ。2004年より有限責任監査法人トーマツにて，財務デューデリジェンス，株式価値評価といったM&A関連業務を扱う部署に所属。2012年12月に株式価値評価，M&A，事業承継に特化した小木曽公認会計士事務所を設立。
著書に，『事業承継・相続対策に役立つ　家族信託の活用事例』（清文社，2016年，共著）があるほか，会計事務所向けM&Aアドバイザー養成講座の講師を務める。
事務所ホームページ　http://ogiso-cpa.com/

税理士のための
マッチングサイトを活用した事業承継M&A

2020年3月30日　第1版第1刷発行

著　者	小　木　曽　　正　人
発行者	山　　本　　　　継
発行所	㈱中　央　経　済　社
発売元	㈱中央経済グループ パブリッシング

〒101-0051　東京都千代田区神田神保町1-31-2
電話　03 (3293) 3371 (編集代表)
　　　03 (3293) 3381 (営業代表)
http://www.chuokeizai.co.jp/
印刷／三　英　印　刷　㈱
製本／㈲井 上 製 本 所

© 2020
Printed in Japan

＊頁の「欠落」や「順序違い」などがありましたらお取り替えいたしますので発売元までご送付ください。（送料小社負担）
ISBN978-4-502-33041-4　C3034

事業承継に活かす
納税猶予・免除の実務 3版

牧口晴一・齋藤孝一 著

A5判·320頁　定価4,290円（税込）

■事業承継に関して注目を集める納税猶予・免除制度だが、十分な検討をせずに利用すると、将来思わぬ税負担を強いられることになる。リスクとその対策の全体像を大幅に加筆。

社長に事業承継の
話を切り出すための本

半田 道 著

A5判·208頁　定価2,530円（税込）

■ベストなタイミングで事業承継話を切り出すための本。税務対策ばかりではなく、とにかくスムーズな承継するためのノウハウを長年事業承継業務に携わってきた元バンカーが伝授。

別冊税務弘報
税理士のための事業承継
フローチャート

石毛章浩 著

A5判·128頁　定価1,540円（税込）

■事業承継税制の特例制度の創設を受け、新たに勉強を始めた税理士向けに、フローチャートを用い、税務のみならず数多くの論点を含む事業承継の進め方を基礎から解説。

事業承継実務ハンドブック 4版

鈴木義行 編著
奥谷浩之・石崎勝夫 著

A5判·488頁　定価5,500円（税込）

■中小企業の承継に関する法律・会計・税務などの制度について、網羅的に取り上げて解説を行うハンドブック。平成30年税制改正ならびに相続に関する民法改正について言及。

中央経済社